聖經的教養智慧

教出有教養和自律的小孩

PARENTING BY THE BOOK

Biblical Wisdom for Raising Your Child

美國頂尖教養專家
JOHN ROSEMOND
約翰．羅斯門｜著
陳雅馨｜譯

獻給耶穌基督，當祂顯現時總是叫我驚嘆，
祂更新了我全部生命，並使我找到新的工作目標。

獻給我親愛的母親，愛蜜莉．摩爾．韋布，
她給了我如此偉大而奇妙的啟程。
媽，謝謝您賜給我的回憶。

聖經的教養智慧

第三部　教養

佳評如潮

約翰．羅斯門是我遇過的心理學家中少數總是能切中要點的人之一。在長久以來我所讀過的教養書中，這是最好的一本常識指南。

——**凱文．李曼**（Kevin Leman）**博士，全球知名心理學家**

約翰．羅斯門是我一直以來最喜愛的子女教養權威。這本書裡充滿實用的建議，可以讓父母們教出品行優良的孩子，有《聖經》作為堅實的基礎，這本指南保證不會出錯。一本為人父母者必讀的書。

——**吉姆．伯恩斯**（Jim Burns），**親子教養作家、家語電台創始人**

約翰幫了天下父母們一個大忙，他巧妙地闡明了《聖經》中的不朽智慧，世世代代的父母們均依賴這些智慧教養出健康、快樂、乖巧的孩子。作為父母和專家，對於約翰竟可用如此簡單實用的方式將《聖經》中的真理呈現給父母們，我感到十分驚異。《聖經的教養智慧》可能啟動一場教養革命，為了我們的孩子著想，我祈禱這場革命真正來臨。

——**格蘭．史坦頓**（Glenn T. Stanton），**愛家協會全球家庭形態研究部主任**

一本真正的傑作。約翰的概念既符合《聖經》原理，和最好的家庭研究成果也很一致，所以他的概念一定行得通。為人父母及必須與父母並肩工作的專家們不可不讀。

——**莒伯．雷凡諾（DuBose Ravenel），小兒科醫師、愛家協會醫療顧問**

本書幫助父母們仔細檢視自己的教養哲學，並給予父母們一幅以《聖經》原則為中心的地圖，以及在現今世界中養育子女的實用計劃。

——**喬．迪勒（Jo Dillard），南岸基督教中學「早期教育」負責人**

我把這本書分享給機構裡其他女性同工，以及前來報名參加職訓的媽媽們，她們看完後都非常興奮，好像從來沒人給過她們任何有用的想法一般，覺得自己打開了全新的視野。羅斯門看到了基督在他個人生活中的光芒，他對育兒的看法也是基於《聖經》的。這是一本很棒的子女教養書，我會將本書的內容納入課程之中。

——**基督徒婦女就業培訓隊（Christian Women's Job Corps）培訓講師**

如果你需要關於如何教養孩子的建議，那絕對是這一本。我不是一個信教的人，但這本書有些很好的建議，可以幫助你的孩子成為一個好人、一個獨立的人。在養育我的孩子時，我肯定會使用這些管教原則！

——亞歷克斯，即將為人父的讀者

這本書非常實用，任何一位父母或是即將成為父母的人，都一定要看！我有個一歲半的孩子，我經常在養育孩子方面感到困惑和惱怒，讓我筋疲力盡，讀完這本書以後，我覺得全身的壓力和疲勞都紓解了。

——凱特琳，新手媽媽

這本書解釋了為什麼今天有這麼多孩子在成年之後，覺得自己有權力減少工作、卻想獲得更多的報酬。作為一個人力資源工作者，我注意到了這個趨勢。本書讓我們能夠教養出勤奮而腳踏實地的孩子，在這個世代有更強的生存優勢。

——傑森・克洛斯，人力資源工作者

為人父母的你一定要讀這本書，無論你是不是基督徒，我都同樣推薦。

——海倫，三個孩子的媽媽

〈前言〉

回望旅途

根基若崩潰了，義人能做什麼？

——〈詩篇〉第十一章第三節

幾年前曾有個年輕的母親跟我說，她拒絕接受「我的」子女教養哲學。搜遍當代子女教養文獻之後，她決定「依戀教養」（attachment parenting）最適合她。適合她？這是種後現代說法（這種定見認為客觀真理並不存在，每件事都是相對的），就像滾石樂團在或許是最「後現代」的一首歌詞中所寫到的：「我可以自由自在做自己想做的事，比過去任何時候都更自由。」但正如我向這位母親指出的，如何養育一個孩子，關鍵不在他的父母，而是孩子自己。（如果你認為我的這個聲明太過獨斷，我建議你繼續讀下去）。持平地說，心理界社群只會眾口同聲地說他們關心孩童的教養，至於怎麼做，在各執一詞的喋喋不休當中，各派人馬均互不相讓地宣稱自己的觀點最優。選擇只聽某一種說法，或許是保持神智清醒的唯一辦法。

人們可能會問：約翰．羅斯門的子女教養之道有什麼特別之處？這個問題的答案是，屬於約翰．羅斯門的方式並不存在。本書中所描述的教養之道均直接來自於《聖經》。我是神的使者，而且是個有時會自相矛盾的使者。

我有北卡羅萊納州心理學委員會所發的執業執照。它的意思是「我是心理學家」。但不像擁有這類執照的大部分人士，我對於這門曾經高貴的專業在一九六〇年代末期後的走向感到相當困擾，當時的美國心理學會被世俗的革新主義者劫持，而專注在推展人文主義意識形態更甚於提升人類處境。

若干年前我就了解，即使妥善地隱藏在科學客觀主義的偽裝底下，一九六〇年代後的心理學實際上已是一種世俗宗教，人們不但把它當成信仰，而且深信不疑。一九八〇年代初期我就逐漸喪失了這種虛妄的信仰，但也要直到七年前才拋下了最後一點殘存的信仰，將自己的生命交托給主耶穌基督。

我絕對相信，現代心理學對美國家庭的影響壞處大於好處。請注意，我所指的不是美國心理學會所熱中肯定、甚至大力推廣的各式各樣另類「家庭」，而是由一對異性戀父母和他們親生或領養的孩子所組成的家庭。養兒育女曾經是件簡單明瞭、沒有任何想像空間的事情，但如今卻變得如此困難、高度耗費心力並且問題重重，唯一的原因就是超過一代以上的時間以來，美國的父母們不再向自己的長輩們請教如何教養子女，而是讓心理保健專家告訴他們該怎麼做。除了少數且知名的人士之外——如詹姆士．道伯森（James Dobson）博士、凱文．列門（Kevin Leman）及少數其他人——心理學界所給的建議都很糟。一九六〇年代中期以來，新的「子女教養」方式開始取代傳統以《聖經》智慧為基礎的育兒觀念，這時美國兒童的心理健康就開始步入向下沉淪的漩渦，直到目前還看不到盡頭。但孩子們不是唯一受專業建議荼毒的人。養兒育女一度是簡單明瞭、常識範圍之內的事，現在卻使女人倍感壓力，成為終其一生要做的事情當中最有壓力的一件。我曾與全美各地的母親談話，當我提到養育子女比在一家大公司裡管理一堆人還要更讓人焦慮時，她們全都同意我的看法。這不是上帝對我們的期望，上帝的期望也絕不是現代心理學那一套。

從佛洛伊德（Sigmund Freud, 1856～1939）這位現代心理學之父起，心理健康專業就忙著支解觀念，再也看不見事情的全貌。當我告訴人們，佛洛伊德的理論沒有一個得到過證實時，每個人都十分訝異；事實上，這些理論大多已被證明不足採信。結論是，這些理論全是他捏造的。佛洛伊德確信自己擁有對人生的定奪能力——也就是說，他相信自己擁有獨一無二的洞見，可以看穿心靈的運作，他的任何想法都是對的，所有其他人都必須知道他那偉大的腦袋到底在想什麼。說他對任何事的看法有錯，對他而言根本是難以想像的事。經過這些年，心理學理論推陳出新，經歷了許多變化，雖然理論不同了，說的卻還是同一套老掉牙的故事。自從佛洛伊德開始，心理學史就成為失敗的診斷、理論與療法的輪替：多重人格、恢復記憶療法、精神分析理論與治療、完形治療、遊戲治療等等。佛洛伊德也把心理學專業推向了無神論。他認為宗教是種精神官能症，而今天的心理學專業圈中，也的確有不少人抱持同樣的看法。我敢冒昧地說，臨床心理學者，作為一個團體，他們對神的敬意低於任何其他單一的專業團體。再一次強調，並不是**所有**的心理學者都如此，但這確實是屬於主流的特質，而約翰・羅斯門、詹姆士・道伯森和凱文・列門並非主流的一員。

我對我的專業的不滿和某種觀點有關。這種觀點認為，只需上過研究所，就有能力替一個在個人生活或團體生活中感到困擾的人諮商。優越的諮商能力來自聖靈（Holy Spirit），而聖靈並沒有特別偏好擁有博士頭銜的人。我的理髮師也是位虔誠信徒，我從他那裡得到過最好的諮商，更勝於我從任何人那裡所得到的。每當我設法解決個人困擾時，我就安排時間去理髮。

心理學主張，每個人根本上都是完好的，但基督宗教的教義卻認為，儘管人類是根據上帝的形象所造，但因為背叛神使得整個世界墮落沉淪。

心理學的核心教義是種免責的教義，它認為，基本上人是後天教養的產物；因此個人的罪行是心理衝突的反應，而這心理衝突是由父母的不當行為所引發（也就是人性本善，但因為父母而變糟，而父母則是因為祖父母而變糟，依此類推）。根據心理學的看法，一個人如果有長期的說謊習慣，那是因為他在童年時期，被迫感到自己有責任保護某些屬於家庭的秘密，例如父親的酗酒毛病或是母親與隔壁鄰人的定期幽會；他如果無法長久待在一個工作上，那是因為他的父親受到他的成就威脅，因此追求成就便等於背叛自己的父親；他如果有三段失敗的婚姻，那是因為他打從心底相信，沒有任何女人是可以信任的，就像他的母親……。基督宗教的教義則主張，我們是唯一該為自己的罪行負起全責的人，也只有接受這份責任，我們才能夠獲得寬恕。

有一個嬰兒為我們而生！有一個兒子將賜給我們……他將被稱為：「奇妙的導師」「全能的上帝」「永恆的父親」「和平的君王」。

——〈以賽亞書〉第九章第六節

心理學認為，人可以透過治療過程而得到「拯救」，而這治療過程乃是以另一個人為媒介；心理學也認為，只需掌握一個人因父母而產生的墮落行為，就能使他得到釋放。基督宗教的教義則認為，人只能透過對耶穌基督的信仰而得到救贖，耶穌基督就是真理，只有祂的真理能夠讓人自由。

因此，我不是一個基督徒心理學家，而是個擁有心理執業執照的基督徒。我相信耶穌基督是唯一的奇妙導師。只有透過祂，一個破碎的人才能真正重回完整。

我是在一九九〇年代開始理解心理學是一種世俗的宗教，當時我的執照許可委員會控訴我「專業上行為失當」。而這裡的行為失當，指的是我在一個報紙專欄中的言論——我認為一個在某個場合中受到非家庭成員性侵害的十八個月大嬰兒「不可能記得這件事」。這個言論，把全美國的心理學家、臨床社工、婚姻及家庭治療師給氣瘋了。當時，心理健康專業界中最賺錢的一個流派是「恢復記憶療法」，這個療法是依據一個不具經驗效力的觀念，也就是認為在一個適當的治療情境中，人們可以恢復他們的創傷記憶，甚至是發生在嬰兒期的早期記憶。因為這件事，我被控告違反專業倫理。但事實上，我不過是指出國王沒穿衣服而已。

在我遭受審判的過程中，我開始警覺到我的心理專業是種意識形態；也因為它是種意識形態，心理專家並不太在乎真相。如果客觀的研究發現與流行的臨床觀點相牴觸，研究發現就會被忽略，甚至受到嘲弄。舉例來說，關於記憶的研究證實了我的立場——大約三歲前，人不會形成可信的、長期的記憶，而這個原則同時適用創傷事件與日常事件的記憶；但這個發現並未受到重視。我的言論威脅到了臨床心理學所築起的紙牌屋，所以我得走人。雖然最後我的律師勝訴了，但當事情告一段落時，我了解這場磨難背後的意義，塞翁失馬，焉知非福。毫無疑問，我的心理學專業有如建築在沙地上的房子，沒有一個穩固不變的基礎。這個真相從此釋放了我。

但我還有另一個障礙需要克服。當時我是個文化意義上的基督徒。我上教堂，我在教會的理事會和各種教會委員會中服務，我也捐錢給教會，但這些全都是假的。我不過是戴上一個正人君子的面具，這個面具讓我無須面對自己的罪愆和需要，但我需要被寬恕、需要透過神子與神建立真正的關係——即便當時我的本堂牧師告訴我，相信處女生子、道成肉身、基督復活並不是成為一個好基督徒的必要條件。他說我可以自由地相信自己想要相信的，真正重要的是我是個什麼樣的人，我做了多少善行。我充分享受了這份自由，大量閱讀關於「歷史基督」（historical Jesus）方面的書籍，這種方式逐漸幫助我瞭解神人關係。

當時我的姊姊安（Ann）和姊夫麥可（Michael）都曾試著想和我分享主，但我卻堅稱福音書中的矛盾太多，耶穌的故事不可能是真的，我甚至不斷列舉其中的一些矛盾。而他們卻耐心地聽我說，並幫我指出，單憑有四個人以些許不同的方式敘述同一個故事這點，並無法證明故事不是真的。我反駁他們，如果就像他們宣稱的一樣，耶穌的故事是真的，那麼哪一個福音書中才是正版？一個人怎麼可能一臉坦率、毫無保留地宣稱真相可以有四種不同形式？我的姊夫惱怒地告訴我，我的想法「太邏輯了」。我則回答他，上帝賜給我們可以邏輯地思考的心靈，如果要我接納耶穌是我的主、是我的救主，那麼就得尊重邏輯的思考方式。

數年後，透過了李・史卓貝爾（Lee Strobel）所著的《耶穌的真相》（*The Case of Christ*）一書，我終於接受了主。當史卓貝爾決定運用他在調查報導方面的訓練，深入探索福音書的真相時，他仍是個無神論者。然而讓他自己也大感驚訝的是，他的研究工作並沒能強化他的無神信仰，最後他承認，自己無法否認福音書作者——馬太、馬可、路加和約翰——報導的正確性。他感到別無選擇，只能承認、屈服於邏輯所帶領他來到的真相面前。史卓貝爾為我完成了我該做的知識性探索。讀完《耶穌的真相》這本書後，我終於承認、屈服了。

現在，我想請求讀者容許我稍微回溯一下這段旅程。在我終於大徹大悟的前十年，我十分享受自己身為全美頂尖子女教養專家的名聲。我是出過八本子女教養書的暢銷作家，每星期均為全國性的報紙專欄撰寫文章，而且還是這個領域中最忙碌的公眾演說家。而時不時地，在某個演說的場合中，都會有個牧師趨前來告訴我，不管我是否知道，但我關於兒女與父母責任的談話完全符合《聖經》的教誨。我總會禮貌地聽他們說，不怎麼真心地回應，同時眼角不斷搜尋最近的逃生出口。耶穌基督的真誠信徒們，總是教我緊張不已。

有一天，在美國的某個地方，一位神職人員問我一句話：「約翰，你已經重生了嗎？」

這個簡單、直率的問題問住了我，讓我的理性思路完全派不上用場。我覺得自己被這問題困住，突然間，我的偽裝似乎就要被揭穿了。「我不知道。」我這麼回答。

「那麼你就尚未重生，但是有一天你會的。約翰，上帝正準備讓你重生，無論你是否明白。」他說完這話，也完成了任務，於是禮貌地向我告辭。

他是對的。我在四十歲出頭時就接納了耶穌做我的主及救主。開始成為基督徒，意味著過去的我，約翰．K．羅斯門、理科碩士、知名家庭心理學家已經不在了。我開始閱讀《聖經》，除了強化我和主、道成肉身的連結，滋養我那全新重生的自我之外，別無其他目的。當我讀著《聖經》時，我逐漸清楚一件事，那就是上帝已在《聖經》中刻畫一幅藍圖，告訴我們應該如何養育祂的子女。當這幅藍圖緩緩地在我眼前顯露時，我的心中充滿了此起彼落的驚嘆聲。藍圖中透露的細節，有些意義十分明顯，例如〈箴言〉第二十二章第六節：「教導兒童走正路，他自幼到老終生不忘。」有些則不是那麼容易理解，例如耶穌在〈馬太福音〉第五章第三十七節教誨他的門徒：「你們說話，是，就說是，不是，就說不是。」這話何其優雅，以簡單而直截了當的方式表達出高尚教養的基礎。

《聖經》向我顯露的許多奇蹟之一是：它包含了所有事物，適用於每個時代的每一個人。只需尋找，你就必然尋見。如果有個人翻開《聖經》想找到關於婚姻生活的指引，那麼在他或她的手中，《聖經》就會變成一本告訴你在婚姻中該怎麼做的手冊。如果有個人翻開《聖經》想找到關於如何做生意的建議，那麼《聖經》就會變成一本商業道德指南。而對一位想找到子女教養指引的父母而言，《聖經》則會變成一本教養書。以此類推。用最保守的說法，這件事讓我感到驚嘆。

每位基督徒都是服事主的人，而每個基督徒的服事都是獨一無二的。你無法選擇自己想要的，只能夠被選擇。當我敞開心胸聆聽上帝的話語時，我了解了祂指派給我的任務，《聖經的教養智慧》這本書即是對美國家庭的事工。

當人們告訴我他們喜歡我的觀點時，我會很快告訴他們，他們以為的「我的觀點」並不屬於我自己，我只是個神的信使，並沒有什麼了不起。我說的話沒有任何虛假成分，我稱自己「偉大的教養智慧剽竊者」，因為我在一生中，從來沒聽過關於子女教養（很可能也包括任何其他事）的原創性觀點。當我以為我想出了什麼具有原創性的觀點時，實際上我並沒有。那只是因為我被上帝預備好了，終於逐漸醒悟了而已。

這本書的寫作，是服從上帝旨意的一項作為。我所能做的只是向祂禱告，祈禱在祂心目中，從我口中說出（也寫下）的話語，以及我心中的沉思是令祂歡喜的，因為祂是我的磐石、我的救主。

我也祈禱，閱讀這本書會是對你和你的家庭的祝福，祈禱書中所傳達的訊息能夠鞏固你的婚姻，使你的心智得到強化與「整頓」，努力成為負責任、有憐憫心的公民。

願主始終與你同在。

約翰・羅斯門

北卡羅萊納州，蓋斯托尼亞（Gastonia）

二〇〇六年十二月

致謝

本書作者對所犯的錯誤自負全責，任何因本書所引致的批評皆因我的不足，但書中內容的真實無誤，以及撰寫過程中曾獲得的金錢贊助、心理鼓舞和真正的幫助，都要感謝下列提到的這些好人：

李・史卓貝爾（Lee Strobel），感謝他讓我頑固、拒絕看見事實的眼睛得以明亮。

恰克・寇森（Chuck Colson）及菲利普・楊思（Philip Yancey），感謝他們幫助我在辛苦而乏味的工作中找到方向。

吉兒・瑞格比（Jill Rigby），感謝她將丹尼・布亭豪斯（Denny Boultinghouse）和我，以及史提夫・羅貝（Steve Laube）和我湊在一塊，她是位好朋友，也是源源不斷的靈感之泉，感謝她。

丹尼・布亭豪斯是我在哈佛書社（Howard Books）的校訂，也是老藍調樂團的樂迷同好，感謝他信任我和我對這本書的計畫；也感謝他的信賴、友誼、對音樂的好品味、頑皮的幽默感，以及當我把這本書當成宣道事業時，他所展現的耐心。就和我們夫妻倆的情形一樣，丹尼可愛的妻子菲莉絲（Philis）也帶給他幾乎所有生命中的美好一切。

我還要感謝約翰（John）、克里斯（Chrys）、琳達（Linda）、蘇珊（Susan），以及哈佛書社的每位成員，謝謝他們對這本書的支持。

再來是我的經紀人史提夫．羅貝（Steve Laube），感謝他的支持、鼓勵，感謝他向我保證這本書將找到讀者，更感謝他的友誼；他信賴我持續趕稿的能力，凡我所行，均奉上帝的旨意。

瑪莉．麥克尼爾（Mary McNeil），我的編輯，感謝她的確認、修訂、她的勤懇努力，以及她的幽默感；當我發現她騎哈雷機車時，我就知道自己會受到妥當的照顧。

伊莉沙白．史提凡斯（Elizabeth Stevens），負責安排我的工作的經理，感謝她的耐心、好脾氣及她對工作的投入；自從有了她，我的生活軌道清楚明確多了。

鮑伯．克里譚頓（Bob Crittenden）、約翰．科特利（John Kirtley）牧師和提摩西．史考特（Timothy Scott），感謝他們閱讀仍在進行中的書稿，並給我寶貴的批評與建議。

愛家協會（Focus on the Family）的格蘭．史坦頓（Glenn Stanton），感謝他保證我的方向是正確的。莒伯斯．雷凡諾（DuBose Ravenel）醫生，感謝他的大力幫助，使我能夠開始實現這計畫，還在這一路上提供寶貴建議。

薇莉，我的妻子與摯友，感謝她在寫作過程中的支持，仁慈地容許這本書佔用夫妻生活中的許多時間，感謝她對我這罪人堅定不移的愛；吾愛，妳帶來生命的喜悅，妳是我生命的磐石。

一九六〇年代時，世俗的革新主義者勢力橫掃美國文化堡壘。他們掄起大錘敲碎一切傳統事物，樹立屬於他們新宗教的假神，其中最陰險的一個假神就是心理治療。這個新的心理學解開了來自客觀主義的束縛，它被創造出來的目的，是要幫助摧毀仍未被粉碎的核心家庭，而它的確成功辦到了。心理健康專業界攻擊傳統婚姻的正當性，並將傳統的子女教養之道妖魔化了，而傳統婚姻及子女教養之道均是以《聖經》的教導為基礎。「某某某博士」的教養觀念取代了上帝的教養之道，從此之後，情況便每況愈下。

第一章

為什麼現代的父母特別難當？

一心信靠上主的人多麼幸福啊！

——〈詩篇〉第四十章第四節

我們的旅程，始於二〇〇二年的美國路易斯安那州拉法葉（Lafayette）。當時我即將在一個禮堂演講，正在大廳和幾位父母聊天。其中一位女性突然說：「約翰，我絕對相信，我先生和我在養育這兩個孩子的四年裡，遭遇到的問題比我父母一輩子養育十個孩子所遇到的還多。」

那位母親的表白，反映了今天的子女教養哲學和實踐上的困難。而且它呼應的不只是住在拉法葉一夥父母的經驗而已，而是大多數（如果不是全部的話）美國父母們的心聲。無論你成長於大家庭或小家庭，幾乎可以確定的是，你會比你的父母遇到更多的教養困擾，而且是多很多；相較於祖父母輩的育兒經驗，那就更不用說了。你的祖父母在育兒方面當然也會遇到一些麻煩，所有父母都會，但比起你所遇到的麻煩，他們的教養經驗簡直就是易如反掌。

在一九六〇年代前完成大部分養兒育女大事的男女們，也就是現在約七十、八十或九十歲的人們告訴我，雖然他們偶爾也得處理一些麻煩事，不過事情本身並不會特別困難。一個曾在四、五十年歲月中養大五名孩子的九十歲婦女，曾經這樣告訴我：「那就是我做過的一件事而已。」她的意思絕不是在減少這件事的責任。她明白表示養兒育女是任何人曾做過的事情當中最重要的一件，只是從一種適當的觀點來表達：養兒育女不過是她身為一個成人所必須承擔的**眾多**責任之一，而這些責任中的任何一件，她都曾經決心盡其所能地好好完成，包括身為一位女兒、姊妹、朋友、妻子、僱員（她曾經有好些年從事秘書工作）、各種婦女俱樂部及公民組織成員、所屬教堂教友……所需負的責任。因為她並未過度認同母親的角色，所以養兒育女也就沒讓她精疲力竭、耐性盡失。她能以冷靜、鎮定、胸有成竹的態度好好履行她對孩子的責任，包括對子女的教養。這樣的態度，很難用來形容經常心浮氣躁、疲憊不堪的現代父母們的日常育兒經驗，尤其是現代的母親。

時代變了，而且還在變

「可是，約翰！」某個人可能會這麼大聲嚷嚷：「時代已經變了！」

這句老掉牙的話，實在沒辦法說明什麼。「時代」總是在變的，但直到最近，世世代代的子女教養之道均不曾變過。當科技、人口概況、經濟狀況改變時，養兒育女的一般方法跟過去還是相當類似。舉個我的祖父母的例子，他們生於西元一八九〇年代，在人生的頭三十年，他們目睹並遭遇的改變遠多過人生的最後三十年（直到一九七七年）所遭遇到的，從所能想像的各方面來說都是如此。但是在那個時代，養兒育女的方式並沒有變。而我的父母約出生在一九二〇年代。想想他們在人生的頭三十年，也就是從一九二〇年至一九五〇年所遭遇到的戲劇性變化：持續十年以上的世界經濟蕭條、持續五年之久的第二次世界大戰、核子武器的開發與使用、冷戰開啟及因此導致對國家安全的威脅、電視的發明、汽車的普及。這些事件不只改變了美國，也改變了整個世界。沒有一個出生在一九五〇年代後的人曾遭遇如此深刻的文化變遷。然而從一九二〇年至一九五〇年，美國的子女教養之道並未出現可觀的變化。我的祖父母用他們上一代的那套育兒原則來養育我的父母，我的祖父母和我的曾祖父母，他們運用的辦法相當類似。我的看法是：「時代」變了的事實，不代表每樣事情都會改變、都得改變。

人們曾經了解，在一個改變中的時代，有某些事情是不應該變的，文化中總是得有某些恆久不變的東西。在這些恆久不變的少數事物中，就包括了道德觀的共識、長大成人對社會有所貢獻的要求，以及家庭應該如何運作的固定看法。最後這一點又包括了對孩童養育的看法。

人們也曾經了解，除非改變是以文化中始終不變的「靜止點」（still points）為出發點，否則改變就會造成天下大亂，而養兒育女就是其中的一個靜止點。事實上，並沒有證據顯示在猶太—基督宗教世界中，自從亞伯拉罕和撒拉建立養兒育女的基本指導原則以來，這些原則歷經過巨大的變化。數千年來，子女教養的「權杖」被穩當地代代相傳下去。子女**榮耀**父母的方式，就是好好長大成人，並以父母撫養他們的方式撫養自己的下一代，而讓我們把話挑明了說：這裡所提到的這個「方式」，正是以《聖經》原理為基礎[1]。

> 要孝敬父母，好使你在我要賜給你的土地上享長壽。
>
> ——〈出埃及記〉第二十章第十二節

時代的進步持續在文化中注入新的能量，但是在十誡的第五誡中，上帝向那些堅守基本家庭傳統的人們許諾了一個穩定、安全的社會。這樣的理解，卻在一九六〇年代被棄之如敝屣，這十年成為美國建國以來最矛盾不一的年代。

太陽底下沒有新鮮事

一九六〇年代間，美國出現文化典範的移轉，對於美國的所有制度產生了深遠影響，而家庭也在其列。在六〇年代之前，傳統賦予並定義了美國的文化。儘管幾乎每個世代都有進步，但大多數人仍繼續擁抱傳統價值，並根據傳統的形式生活。當年輕人隨著年紀增長，逐步邁向就業、結婚、生子的階段時，他們接納父母親的價值觀，並有意識地跟隨著父母的示範。（任何通則總找得到例外，但這確實是個通則。）第一次世界大戰後，這個穩定不變的通則受到了些許挑戰，但是在一九六〇年代卻被全盤推翻了。

進入一九六〇年代的美國仍保存著過去的文化，但經歷過那動盪的十年後，卻浮現一個截然不同的文化。到了一九七〇年代，賦予、定義美國文化的不再是傳統，而是一種較為先進的電子媒體，也就是電視。而這個媒體決定推廣一種激進、改革的社會議程。

在電視才剛發明的一九五〇年代，所有的電視節目皆反映傳統的美國價值。你也許年紀大到還記得（或者你也許看過重播）這些節目：「我愛露西」（I Love Lucy）、「唐娜・瑞德秀」（The Donna Reed Show）、「老子最大」（Father knows best）、「天才小麻煩」（Leave It to Beaver）、「迪士尼影視節目」和「蘇利文電視秀」（The Ed Sullivan Show）。

然而一九六〇年代已臻成熟的電視工業，卻開始展現造反的行動主義性格。電視產業大老們決定運用電視的影響力重新形塑美國文化，使它符合新出現的新自由主義、世俗菁英的觀點。他們的確成功辦到了。

到了一九七〇年代，過去關於價值、是非對錯和道德觀的共識開始崩解。所有曾經扮演美國穩定力量的「靜止點」都被削弱了，開始搖搖欲墜。

到了一九七〇年代中期，美國已經完全成為一個成熟的「進步」文化。進步主義主張，正如所有新科技（例如電腦）均優於舊科技（如打字機），新**觀念**也總是比舊的好。就大部分情形來說，進步主義的定見是否決傳統的。它拒絕承認一件事實：「太陽底下沒有新鮮事。」正如數千年前一位智者曾寫到的，「發生過的事還要發生；做過的事還要再做。太陽底下一件新事都沒有。」（〈傳道書〉第一章第九節）。

許多和我同時代的人（嬰兒潮世代）均受到這個新的烏托邦進步主義所蠱惑（當時年紀尚輕的我也認同這個運動），誘騙自己相信，我們已經蒙受了某個世俗的神的祝福，就要拋棄所有舊事物，迎向美麗新世界。我們決定傳統價值和傳統模式必須消失，幾乎確認上一代的價值觀**不是**我們的價值觀，他們的處事之道也**不是**我們的處事之道。傳統的養兒育女之道，就是這裡所指的舊方法之一。

老祖母的素樸智慧

在一九六〇年代前，當父母在育兒方面遇上麻煩時，他們不會尋求那些權威專業人士建議。他們會向大家庭、教會或社區中的長輩請益。我用「老祖母」這個通稱來泛指這些我所謂的長輩們，他們是公認的育兒專家。老祖母會運用她的生活智慧，提供養兒育女的建議。她所給的這些關於育兒困擾的建議，正是她的母親在遇到同樣情形時，所傳授給她的，而她母親的智慧又是由她祖母所傳授，如此代代相傳。

但在一九六〇年代以後，父母不再向老祖母請益了。他們尋求的是心理健康專業人員的建議，但這些人給的建議不是來自親身體驗，而是來自他們讀過的書。

你不需要上過大學，就可以了解老祖母說些什麼。她不會說些像是：「在跟你談話後，我有個特別的印象，那就是你仍然試著要解決你童年時的問題，我想我們應該花些時間來探索這些問題，看看你現在與你的孩子之間的困擾和這些問題的關係。」這正是權威專業人士們會說的話。

老祖母們則會這樣說：「你知道的，我在你叔叔查理身上也遇到了這個麻煩，當時他差不多是比利的年紀，就做了跟比利類似的事情。我是這樣解決的……。你一定注意到查理現在在銀行工作，而不是去搶銀行。或許你該考慮回家去，然後像我對查理那樣地對待比利。」

在結束和老祖母進行的「療程」後，年輕的父母會感覺充滿能量與信心，清楚知道自己該怎麼做。我在一九八〇至一九九〇年間從事私人執業，在這十年中，我漸漸醒悟到的事情之一是，那些前來諮商的父母結束與我的初次面談離開時，並不總是神采奕奕、信心滿滿，明白該怎麼做。他們有時帶著悲慘的挫敗感離開，因為我並不是用老祖母的方式來面對他們，而是躲在令人肅然起敬的專業證照面具之後；我不是表現出自己只是個一般人，沒什麼傑出之處，只不過從養兒育女的經驗中得到了些許智慧；我讓自己看起來像個高高在上的權威人士，是個洞察一切的心理學家。明白了這點終於幫助我了解，與其待在掛滿證書的保護牆內，不如離開那個辦公室，我更可以幫助那些父母。

傳統的磐石被摧毀了

一九六〇年代中發生的變化，與美國對待權威的態度有關。在那個混亂的年代之前，美國人一般敬重的是傳統的權威。舉個例子，一個人可能並不同意某位政治人物的主張，但仍對他抱持敬意；他會認為，畢竟他是透過正式選舉方式選出的，那就值得受到尊重。到了一九七〇年代，針對所有形式的傳統權威，美國已發展出一股犬儒主義以及一般性的蔑視態度，這些傳統權威的形式有五種：政治權威、軍事權威、機構性權威、教會及家庭。

六〇年代晚期到七〇年代早期，世俗、教育及媒體領域的菁英們開始將政治、軍事及機構性（尤其是企業中的權威人士）權威妖魔化，將宗教妖魔化（尤其是基督宗教），以及傳統家庭的兩塊基石：傳統婚姻及傳統育兒之道。提醒你，所有這些傳統權威的正當性均來自於《聖經》。實際上，這正是對西方文明之基礎，即猶太教－基督宗教教義的攻擊詆毀。

傳統家庭受到格外惡毒的攻擊。心理學家及其他心理健康專業人士與新女性主義者站在同一陣線，將傳統家庭描繪成「父權體制」，成為支配女性、操縱孩童的陰謀原始制度。他們相信，成長在這樣的家庭中的女孩們，長大後必定自願受男性支配，而這些男性則自小就被訓練要蔑視、宰制女性。女性主義者將傳統婚姻等同於奴隸制度，並推廣一種「開放式」婚姻，在這種婚姻中沒有一方必須忠於另一方。女性主義者與逐漸受到女性支配的心理健康界菁英們與媒體聯手，將男性妖魔化為天生的侵略者。那些可能身兼兩樣工作的一九五〇年代父親們，不是被形容為負責任、顧家，而是被描述成「疏離」、不關心妻小，只是用錢和體力上的優勢讓家人乖乖就範而已。最後，如心理學家、當時最暢銷的子女教養書籍《父母效能訓練》（*Parent Effectiveness Training*, Wyden, 1970）作者湯瑪士．戈登（Thomas Gordon）之流的心理健康專業人士遂宣稱，傳統的育兒之道箝制了「孩子的自然本性」，養出的小孩只能注定成為邪惡資本主義機器中的愚蠢小齒輪，成不了什麼大事。戈登的確在他的某本書中宣稱，推動戰爭的動力來自傳統父母權威的行使[2]！而這種進步性、解構主義式的歇斯底里情緒反應，果然荼毒了太多的嬰兒潮世代，約翰．羅斯門在當時也淪陷其中。

揭穿權威人士的面具

一九六〇年代的電視工業，開始將心理學家和同類的心理健康專業人士定義為唯一能正當地提供明智育兒建議的人。許多人以為這股潮流是由班傑明．史波克（Benjamin Spock，小兒科醫師）博士所推動，實則不然。真正的始作俑者是一位被抬高到文化偶像地位的心理學家——喬伊絲・布拉德博士（Dr. Joyce Brothers）。她在一九五五年贏得競答節目——「最昂貴的問題」（$64,000 Question，相當於一九五〇至六〇年代的「百萬大富翁」〔Who Wants to Be a Millionaire〕節目）後，就成為各種電視常態性談話節目的來賓，甚至一度擁有她自己的電視秀。電視網將她捧成無所不知的專家，只要和人類行為與親密關係有關的事，她都有發言權，包括如何正確扶養小孩，而美國大眾則輕易聽信她說的每件事、每句話。

心理學家和心理健康專業人士爭先恐後地想搭布拉德的順風車出名。戈登的「父母效能訓練」（簡稱P.E.T.）研討班，先後訓練出數以千計奉行他的觀念和方法的心理學家、家庭諮商師及臨床社工員。接著，這一大群真心的信奉者又和那些容易受騙的美國父母分享戈登那烏托邦式的育兒理念。戈登最虔誠的門徒之一，桃樂絲・布格斯（Dorothy Briggs）曾寫過一本暢銷書《孩子的自尊》（*Your Child's Self-Esteem*, Doubleday, 1970）。在這本書中，她提出了「民主家庭」（democratic family）的觀念——在這種家庭中，父母親與孩子間的關係是平等的。在《孩子的自尊》中，布格斯聲稱：「除非孩子們能夠每天在家中感受到民主的好處，否則政府的民主對孩子而言毫無意義[3]。」她顯然忽略了一個事實：美國的建國者可不是成長於一個民主家庭，但他們對於民主原則卻似乎掌握得相當不錯。不過邏輯並未讓這個心理學典範出現轉移，歇斯底里和誇誇其談卻辦到了。

大約在同一個時期，育兒（rearing）變成「子女教養」（parenting），人們用這個新字來指稱新的教養方式。新方式將以父母為核心的家庭轉變為以子女為核心，以高自尊（個人主義）取代尊重他人（成為好公民）的價值。贊同新方式的父母們不可直接指揮孩子們，要孩子做什麼都得告訴他們理由，當他們「乖乖合作」時還要給獎賞（既然子女與父母的地位平等，這些開明父母的孩子可不會簡簡單單就聽你的）。

最滿意新教養之道的人，可能是馬克思吧。他說過，為了迎接社會主義社會的成功到來，傳統家庭必須消失才行。從這個角度來看，一九六〇年代的家庭心理學毫無疑問地向社會主義傾斜。一九七〇年代，我完成了一份家庭治療的研究所作業，最後得到一個結論：把父母與子女放在同樣的立足點上，真正的目的其實是要摧毀父母的權威。於是在這個權威真空的狀態下，心理學家得以趁虛而入，而這些心理學家在家庭紛爭中通常都站在孩子這一邊。最令人擔憂的問題是，我看見父母紛紛默許這種惡意的兒童綁架。

這裡所說的新方式，改變的不只是外觀和做法而已，同時也改變了關於孩子與父母責任的基本預設。傳統觀點主張孩子們的本性是壞的，所以需要改過遷善；而新觀點則認為人性本善。根據他們的說法，孩子不會故意幹壞事，只是會不小心犯錯。人們今天最常用的說法是「幹了笨事」，意思是他犯了過失，好像一個孩子的叛逆行為不比在電視益智節目中選錯了答案讓人震驚。因為不可能有惡劣的動機，懲罰也就失去了理由。而且這些新子女教養權威們告誡我們，懲罰會傷害孩子的自尊。

因此，新父母們不會在孩子行為不端時懲罰他們，而是進行我所謂的「治療性教養」或是「胡說八道教養」。也就是和孩子來場談話，同時小心不要傷害到他們的心。如果重複幾次治療性胡說八道都沒辦法讓孩子開始「幹對的事」，那麼這孩子就會被認為是被「問題」纏上了，而這是個心理學難題，他是沒辦法靠自己解脫的。於是他的適應不良行為是種絕望的表達，目的是讓人注意到他遇到的心理困境、藉此尋求協助。因此，舊的子女教養之道強迫孩子們為自己的行為負起責任，但新方式卻讓他們完全擺脫責任。在過去，一個素行不端的孩子被視為做壞事的人，如今他卻成了受害者，需要心理治療或藥物協助，或者雙管齊下。

「後現代心理學式教養」的問題

我是最後一代被用舊方式，也就是被傳統的、《聖經》的教養形式扶養長大的美國孩童，也是第一代以新方式——即以心理學鬼話教養自己孩子的美國父母。所以我與其他同代人一樣，對於新舊兩種子女教養之道有著切身的體會。我知道，儘管一九六〇年代前的育兒方式並非完美，但它對孩子、婚姻、家庭、學校、社區和整個文化的最終福祉是有貢獻的。而我也明白，被我稱作「後現代心理學式教養」的這個新方式，過去行不通、現在行不通，未來也絕對行不通，無論任何人多辛苦地想讓這辦法成功，結局都一樣。為什麼？

首先是，這方式毫無意義。它是由一堆鬼話所組成：多聰明、充滿誘惑性的鬼話還是鬼話。更重要的是，這些話語不符合上帝所設計的藍圖；上帝將這幅藍圖透過話語的形式傳下，那就是《聖經》。這就是那些鬼話毫無意義的理由，因為它不是建立在真理而是謊言之上。

《聖經》中的蛇以不同形式現身於每一個世代，但目標卻是同一個：說服上帝之子相信，上帝並沒有把他們的最佳福祉擺在心上，祂只是想讓他們無知地聽其擺佈；說服他們遠離上帝身邊。後現代心理學式教養最終只是種蛇的現身形式，特別聰明的一種，目標是要持續削弱人對於上帝權威的信賴。

> 蛇是主上帝所創造的動物當中最狡猾的。蛇問那女人：「上帝真的禁止你們吃園子裡任何果樹的果子嗎？……上帝知道你們一吃了那果子，眼就開了；你們會像上帝一樣能夠辨別善惡。」
>
> ——〈創世紀〉第三章第一節、第五節

上帝的偉大藍圖：建造一個家

上帝創造宇宙及宇宙中的所有一切。《聖經》這樣告訴我們，但是我對《聖經》故事真實性的信仰受到近代物理學、數學、天文學、化學等研究的支持，這些發現，都肯定宇宙有一個明確的開端。在這個被稱為「大霹靂」的開端之前，時間與空間均不存在。什麼都沒有。從一無所有的空無中要產生一個清楚明確的開端，這需要超自然的力量。大霹靂意味著宇宙有了一個因，而創造需要創造者，一切是如此簡單明瞭、無可否認。

上帝所創造的宇宙，是僅能在一個行星上維持生命的複雜性的宇宙，而這唯一的行星正是我們的地球[4]。上帝的所有造物，似乎是為了支持地球上的生命複雜性這個唯一目標而特別設計的，這件事意味著上帝創造宇宙並不是在「玩擲骰子遊戲」，任意決定的。他不是因為好奇，所以把創造宇宙的積木隨便疊一疊，看看疊起來怎麼樣，或者會疊成什麼東西。很明顯地，上帝的創造是有目的的，祂有一個特別的計畫，一個最終的目的。那是什麼呢？

上帝的最終目的是要為祂最特別的造物——人類——建造一個家。祂曾渴望，並且持續渴望與人類建立特殊關係。上帝賦予人類認識上帝的特權，因為祂希望人類認識祂。

上帝給了人類一幅偉大的藍圖，要人類能夠過著具有創造力、生產力，能夠實現抱負的生活，要人們能夠與他人和上帝合而為一。在上帝的話語，即《舊約》和《新約》中，均清楚地提出了這個藍圖。

《聖經》的這個偉大藍圖結合了許多較小的藍圖，涵蓋了生命的每一個面向，包括婚姻（一對男女之間持久而忠誠的關係）、商業行為（儘管程度不一，但每一方都能獲利）、建立並生活在健康的社會中（必須守法；尊重正當合法的權威及「鄰人」的權力），以及養兒育女（就正確的育兒方式而言，正確的教養和愛一樣重要，教育孩子是父母的責任）。

上帝指引出教養的正確方向

由於上帝根據自己的形象造人，人類於是擁有自由意志。這包括自由選擇是否聽從上帝，以及是否根據上帝為人類生命所設計的藍圖來生活。選擇會產生結果。聽從上帝指示就會產生好的後果（儘管不必然立即可見），不聽從祂的指示則會產生不好的後果。換句話說，服從上帝可以榮耀我們，違抗祂則使我們涉入險境。正直的上帝會懲罰做壞事的人、使他們身心受苦，有些人對此感到不太自在，因此他們否認上帝的存在，並用他們自己的形象創造出另一個神。他們的否認不會改變一個事實：一個深愛子女的父母不會讓孩子們違抗自己而不受懲罰。（之後我們將會探討到，主張不施行懲罰的上帝觀點，符合後現代心理學的教條之一：懲罰會對孩子的心理造成傷害，因此愛孩子的父母不會懲罰做錯事的孩子。）

就如同上帝在祂的偉大藍圖中所清楚表明的，如果無視上帝的育兒藍圖，試圖養兒育女就會有風險，那就是你的小孩將會行為不軌、不懂禮貌、傷害他人和自己、不負責任、不專心、粗心大意、侵略性格、自我中心、愛說謊等等。而孩子的父母所冒的風險則是遭受長期挫敗，感到壓力、焦慮、憤怒、怨恨、衝突及罪惡感。

但不幸的事實是，大部分的美國父母，甚至（冒昧地說）自認是上帝和上帝獨生子耶穌基督虔誠信徒的人，他們教養子女的方式都偏離了上帝所設計的藍圖。單是這件事，就足以說明為何養兒育女會成為讓美國成人，尤其是**女性**成人最感到壓力、挫敗、焦慮及罪惡感的一件事。而這件事也足以說明，為什麼一位住在拉法葉的母親會告訴我，在養育兩個孩子的四年內，她和她丈夫所遇到的困擾，竟比她養了十個孩子的父母一輩子遇過的還多。

上帝的藍圖一點也不難

事實是：如**果你生活的任何部分背離了上帝所指示的道路，你就會遇到更多（而且**

更嚴重）的問題。這些困擾往往像是沒有結束的一天，就像身處在隧道中，卻看不見盡頭有光一樣。美國已經在育兒之道上偏離了上帝所設計的藍圖。這解釋了一切。

另一個事實是：**如果你的生活緊緊追隨上帝的計畫，你還是會感到悲傷、痛苦、挫折，遇到令人痛心的事（自從人類墮落以來，人們就不可能逃得過這些磨難），但你可以撐下來，並安然度過這一切。**這是上帝對人類的許諾。願意選擇上帝這一邊的父母，均可以按照上帝的計畫來養兒育女，也將會開始體驗成功的滋味。

這就是這本書的目的。我的動機是幫助父母了解上帝的藍圖，並正確地按照這個藍圖來養兒育女。我可以向你保證：我不打算教你遵照後現代心理學式教養那一大堆複雜難懂、令人昏頭的原則，上帝的藍圖一點也不難，也不會讓人產生懷疑、焦慮和罪惡感。我敢如此斷言，是基於以下兩個簡單的真理：

一、上帝不會讓事情複雜化。

二、遵照上帝的計畫生活，將可化解人的困擾及憂慮苦惱。

來吧，所有勞苦、背負重擔的人都到我這裡來！我要使你們得安息。

——〈馬太福音〉第十一章第二十八節

如果你已記住上帝這段話語，是否願意和老祖母一起帶著她的《聖經》，來趟體驗之旅呢？

團體討論或個人反省的問題

一、「榮耀你的父母」透過哪些特別方式發揮了穩定及維持西方文化的作用？對傳統家庭的普遍詆毀如何造成西方文化的崩壞與衰微？有哪些徵兆顯示我們現在已逐漸無法「在這地上長久安居」？傳統家庭的衰微，如何讓我們無力回應威脅西方文明的哪些力量？

二、儘管是在不經意的情況下，你是否曾贊同後現代心理學式教養的教條？如果是的話，是什麼原因使你有這樣的傾向？

三、你是用頭腦，還是用心、用「膽識」來教養子女？換句話說，你是傾向想很多，傾向用知識性態度來面對育兒問題，還是較倚賴所謂的「常識」？過度思考如何讓父母們無法從常識中得到幫助？

四、就像路易西安那州拉法葉的那些父母們一樣，你是否認爲自己在育兒方面的困擾比父母扶養你和你的手足時遇過的還要多？如果是的話，相較於你的方式，你父母的育兒之道有何不同？

註釋：

1《聖經》的育兒典範是如此全面地鑲嵌在西方文化中，以至於即便是徹底的非基督徒，也仍是根據《聖經》的原理來教養自己的子女，儘管他們並未意識到這一點。

2 Gordon, Thomas. *Teaching Children Self-Discipline*（New York: Times Books Random House, 1989）, 239.

3 *Your Child's Self-Esteem*（New York: Doubleday, 1970）.

4 相對較近的科學發現，幾乎全都證實由天文、太空科學家卡爾・薩根（Carl Sagan, 1924～1998）所普及化的觀念是錯的——他認為，宇宙中充滿了可支撐生命的行星。有同樣客觀的證據指出，地球是唯一擁有這種條件的行星，而且過去不會、將來也不會有另一個這樣的行星，而這樣的客觀證據每天都在增加。

第二章

讓人迷惘的後現代心理學教養

你們要謹慎，不要被虛妄的哲學迷住了；因爲那種學說是人所傳授的，是根據宇宙間所謂的星宿之靈，而不是根據基督。

——〈歌羅西書〉第二章第八節

到了一九七〇年代中期，老祖母的常識已經徹底被淹沒在那些掛著專業頭銜人士的咆哮之下，他們不僅宣稱老祖母們根本不懂育兒這回事（畢竟她又沒上過大學），而且她們給的建議還會對兒童的心理健康有不良影響。如今，父母沉湎於後現代心理學式教養中，而這個怪異的混種，是由三個長期敵對的心理學學派雜交而成的：佛洛伊德學派、人文主義及行為學派。

- 從現代心理學之父佛洛伊德那裡，後現代心理學式教養得到了心理決定論原則——人類的行為是由童年早期的經驗形塑。舉例來說，負面的如廁訓練經驗會造成日後的人格困擾。
- 人文主義的貢獻主要來自於兩個命題：(一)人性本善；(二)高自尊是值得嚮往的特質。
- 最後，行為學派則貢獻了一個觀點：行為矯正不僅在老鼠和狗等動物身上行得通，對人也可發揮作用。

我們即將了解到，這三種哲學都是假貨。它們不僅違背了《聖經》中的人性觀點，也與常識和社會科學的研究自相矛盾。不幸的是，它們卻已經深植在美國人的集體思惟當中，大部分人視為理所當然，這就是它們為何造成這麼多麻煩的原因。

那些概念都是佛洛伊德編造的！

佛德伊德的所有觀點，沒有一個經得起科學的檢驗；知道這個事實時，大部分人都很震驚：伊底帕斯情結是杜撰的、陽具妒羨是杜撰的、口腔、肛門、性器固戀（fixation）是杜撰的、壓抑的記憶是杜撰的。事實顯示佛洛伊德編造了這些概念，然而他卻深信自己對人性的洞察力是天才的發現，因此感到有必要和全世界分享。心理學史家韓斯·艾森克（Hans Eysenck）說佛洛伊德是「宣傳的天才，而非科學的天才」，誠哉斯言；佛洛伊德並不像自己所「謙遜地」聲稱的，可以和哥白尼、達爾文（達爾文的謙遜是承認歷史極可能證明他是錯的）平起平坐，和安徒生、格林兄弟等說故事的人擺在一起。《新聞週刊》（*Newsweek*）最近的一篇文章，就稱佛洛伊德為「現代史上最知名的庸醫」[1]。

大夫的新衣

我們最應該做的是揭露一個事實：佛洛伊德聲稱的，經由早期童年經驗所導致的成人適應不良行為模式或人格扭曲，此因果關係尚未經過證實。舉個普通的例子：過早或是過度以懲罰方式進行如廁訓練，可能會造成所謂的肛門固戀，最後發展成強迫症；這個觀點，就沒有得到科學的確認。事實上，這根本是無法確認的。有誰可以正確地說出如廁訓練期間的經驗呢？毫無疑問地，這是個神話，所有早期教養與成人人格發展間的因果關係都是神話。

然而大部分的人卻寧願相信心理決定論，因為這是許多心理治療的基礎。如果你因為個人困擾而尋求專業協助，心理治療師極可能會對你進行我所謂的「心理考古」工作。他會問起你的童年、尤其是你的父母，他會試著在過去與現在之間建立連結。舉個例子，最後他會告訴你，你無法步入婚姻，是因為你的父母將你捲入他們亂成一團的離婚過程。

然而真相是，只要治療師想找到這種連結，就肯定找得到。他在開始找之前就已經相信這種連結是存在的。因為他尋找，所以他找到。

在你的眼中（這個你指的是「典型的個案」），他的發現證明了他那令人驚嘆的洞察力，更不用說，這個發現使你不必為自己在親密關係中的問題負起責任。你會繼續付錢讓他用這種方式治療你。

事實上，即使你的父母並未離婚，甚至擁有美好婚姻，你還是可能無法承諾一段關係。但如果遇到這種情形，治療師只要「發現」另一個連結即可；也許他會說，因為你自認無法擁有自己父母那樣的美好關係，所以才卻步不前。

我的看法是，這些想像中的因果關係只是拼拼湊湊的故事，是無法檢驗、而且極為武斷的虛構情節。五個不同的治療師可能為你的問題找出五個不同的「原因」，但沒有一個是有辦法驗證的。

沒錯，童年經驗確實會影響孩子長大後的人格，但這影響是極難預料的。童年經驗無法決定成年後的人生。負面的童年經驗不必然造成生活的困擾，就像美好的童年不必然注定成人生活無憂無慮一樣。畢竟，許多成長於弱勢家庭中的人，仍有辦法從逆境中活出美好人生。此外，也有許多人成長於優渥的家庭中，他們的父母無論從任何標準來看，均是完美無缺的，他們卻在某個地方誤入歧途，過著頹廢失敗的一生。這不是父母的錯，而是自作自受。

諷刺的是，佛洛伊德對當代教養方式最重要的貢獻就是罪惡感，這種傳染病，尤其以母親為對象。由於佛洛伊德神話只能設法在缺乏證據的情況下求生存，於是最最典型的現代母親們相信她的行為是**成因**，而孩子的行為則是**後果**。這種信念只有在孩子的行為端正、學校表現良好時才有好處，但是當孩子的行為或成績走下坡時，原先的驕傲就會成為沉重的罪惡感。

老祖母說得對

老祖母知道，人生最強大的形塑力量就是個人本身的自由意志。她了解人們（包括孩子們）所做的選擇，都受到早期童年經驗、社經因素、文化期許、同儕壓力等多種因素的**影響**，但她也明白，盡力之後，人們只能為自己的選擇負起全責。因此當老祖母們的某個孩子犯了錯、想幫自己辯護時，她會用令人畏縮的眼神看著那孩子，告訴他：「犯錯是沒有藉口的——也沒有『如果、而且、可是』。」而佛洛伊德的觀點則允許——甚至鼓勵——人們找藉口，允許人們用「如果、而且、可是」這類的話為自己辯解。這些藉口老祖母們可聽不進去。她讓她的孩子為自己的所作所為負全責，而且從他們還是搖籃裡的小嬰孩時就開始這麼做。

老祖母也知道一件事：她不可能是完美無缺的母親，不能保證自己的孩子不會做出可惡、可憎或可鄙的事——孩子們自己的選擇，比她的養育方式具有**更大的**力量。她知道事情就是這樣，因為《聖經》是這麼告訴她的。

西方文明的第一個教養故事記載在《舊約》〈創世紀〉的第三章中。而這個故事的主題就在一個果子裡：現在或甚至將來，世上唯一完美的父母創造出兩個違背他第一個指令的孩子。天知道上帝犯了什麼錯，讓祂初次創造的孩子們出現了如此嚴重的**服從問題**？

佛洛伊德會說夏娃不高興上帝先創造亞當，所以上帝顯然是偏愛亞當。夏娃誘惑亞當吃下善惡樹上的果實只是在表達她的怒氣，一種消極的攻擊方式，目的是要破壞亞當在上帝眼中的形象。對於這種說法，老祖母可是嗤之以鼻。她知道人類的墮落背後沒有什麼特殊心理。人的墮落，只因為人具有動物沒有的一項特質：選擇的自由，包括選擇做錯事的自由。如果一個完美的神都無法教養出完美的服從，你還有什麼機會？

亞當與夏娃原則：**無論你是多棒的父母，你的孩子還是可能會做出可惡、可憎或可鄙的事。**

如果你用第一人稱大聲唸出前面那**句**話，那會有很好的治療效果（要大聲唸！）：「無論我是多棒的父母，（孩子的名字）還是可能會做出可惡、可憎或可鄙的事。」

現在，你是不是覺得好多了呢？

這讓我們想起了人文主義心理學對後現代心理學式教養貢獻的兩個觀點之一：孩子的本性是善良的、在任何既定情況下孩子都會傾向做對的事。

人性本惡

一九六〇年代間，新時代導師和心理健康專業人士發展出各種療法和工作坊，據說可讓人們和自己內在那個純真、好玩、聰明、愛好和平的孩子恢復連結——內在小孩是真正的、「自然的」自我，被父母和老師強迫放逐而畏縮在角落；父母和老師們的目的，是製造自願為資本主義社會（或說「機器」）服務的順從者，而資本主義社會則被視為罪惡的淵藪。新時代神話至今仍被熱烈傳頌——**每個孩子都是神聖之光的化身，是天堂賜福於人間的無瑕存在**——而且已經成為具支配地位的文化觀點。

這個童話故事的教訓是，孩子做錯事是因為他的神聖本質已腐化了。而神話製造者要你相信壞的教養方式就是頭號的腐化力量，不要搞錯了。這就是父母親罪惡感的由來，如果佛洛伊德沒成功引發你的罪惡感，人文主義也會。

兒童本性接近愚昧

老祖母明白，每個孩子來到世上時，都背負著已然腐化、墮落的本性；每個孩子生下來就是個罪人。她知道她必須付出極大的愛、運用極強的管教方式，才能讓這個孩子成為對社會有貢獻的人。她知道，是因為《聖經》這樣告訴她，而她也用自己的雙眼驗證了《聖經》的說法。

《聖經》說得很清楚：人性本惡。《舊約》〈詩篇〉第五十一章第五節說，人類「一出母胎」便是邪惡，出生之日就充滿了罪。〈箴言〉第二十二章第十五節告訴我們「兒童本性接近愚昧」。這裡的「愚昧」所對應的希伯來文字眼，如果用在其他脈絡中，指的是道德上的墮落。這意味著，在任何既定情境下孩子都會傾向做錯的事，優先考慮自己的利益。

有時從出生的第二年開始，從嬰兒那唬人的面具底下，就會開始浮現一個真實的、坦然展現自己邪惡的人類，狂暴的反社會者（儘管像許多反社會者一樣，總是極具魅力）。全世界都說著同一個故事，故事中孩子的行為總是馬上反映罪人／反社會份子的固定思惟，其中的三個核心信念為：

一、我想要，而且我有權得到（應得的權利）。
二、因為我有權力得到我想要的，所以我可以無所不用其極（實證主義）。
三、規則那套理論不適用於我，所以沒有人有權拒絕或擋我的路（自戀主義）。

而這種變形常常是突然間就發生了，做父母的只能震驚不已。某個尋常夜晚，父母讓一歲半的孩子上床睡了，這孩子一直那麼地討人喜愛、深愛父母而且個性隨和。然而隔天起床後他們走到他的床邊，看見的卻是個向他們宣稱教養蜜月期已經結束的小撒旦。

這個惡魔似的孩子要所有人聽從他的吩咐，做父母的稍一不如他的意，馬上尖叫得像中邪一樣。他還希望父母知道他尊貴的腦袋裡想的每件事，一旦父母鬆懈下來，他馬上大發雷霆。這時候如果父母試著哄他，他就會用全武行來對付他們。他會一邊看著父母、一邊公然藐視他們的指示，眼神像是在說：「諒你也不敢對我怎樣。」他像是對懲罰免疫似的，要別人把他當國王或皇后一樣伺候，但父母煞費苦心的討好反而得罪他。

「我們的小甜心跑哪去了？」他們哀號著。

他們不了解，那個他們共處了一年半的小甜心根本不是**真正**的他。真正的孩子、那個人類，終於在一年半後甦醒了，他掀開欺哄人的嬰兒面具，高聲主張「我的存在」[2]。在忽然得到的一個靈感中，他明白了他就是「我」，而那個發現讓他興奮莫名。這和在伊甸園中初次甦醒的我、主張自我存在的我，都是同一個自我、同一種人性，因此結果也是類似的：家庭秩序的大亂。

而有件事讓這個失序狀態更形惡化，那就是：從嬰兒期到剛學走路階段，孩子是父母注意力的重心，父母隨時等著滿足他的需要。於是在這種情況下，孩子完全有理由相信：父母存在的唯一目的就是伺候他，為他做牛做馬。畢竟他無法了解父母的生命步伐超前於他，他也不明白在這個偉大的自我存在以前，生命就存在了。皮亞傑（Jean Piaget）這位在任何時代都是最重要的發展心理家表示，在人生的前兩年，孩子是**以自我為中心的**——他認為世界圍繞著自己打轉。原罪加上自我中心，正如家有學步兒的父母所證實的，具有高度的爆炸威力。

一個孩子，三種表述

人，是萬物的尺度。

——普羅泰戈拉，約西元前四百四十年

更高的解答並不存在。一切必須自己建立。

——史蒂芬．顧爾德，生物學家、作家

你不是我的老闆！

——學步的孩子，生命之初

對父母的憤怒

學步期是各式各樣反社會行為的生產中心。人們不需要教一個剛學步的孩子怎麼打人、偷竊、說謊、不聽話、覬覦別人的東西、破壞別人的財物，或是表現得自私自利。他天生就會，不需要教。這正是讓心理學完全無法解釋人類行為的地方，因為心理學根本不可能解釋以下這樣的情節：

有一天，一個二十個月大嬰孩的母親拒絕在吃飯前給他餅乾吃。這個孩子從沒看過暴力行為，甚至連卡通片裡的暴力都沒看過，但被拒絕後他一屁股坐在地板上，開始因自尊受損、心有未甘而大發脾氣。他的尖叫聲可以翻譯成下面這段話：「**你竟敢拒絕給我——世界的主宰——一塊餅乾！快給我餅乾，否則我絕不可能讓你好過，你這卑賤的**

奴才！」出於內心的善良，他的母親抱他起來要哄他，但就在這個絕佳的時機，這個孩子看準了他母親的臉，一巴掌甩了過去。相信我，這個巴掌不是個意外，不是剛好揮到他母親的臉上的隨意拍打。如果有攝影機拍下了這個事件，影片會證明當那一巴掌甩過去時，孩子臉上百分之百露出的是惡魔的表情，絕無其他可能。

那位母親對他展現出無限慈愛、犧牲自己的需求來滿足孩子，卻遭突如其來的暴力攻擊。對此，心理學能有什麼解釋？這孩子想表達什麼無法解決的問題（佛洛伊德主義／人文主義解釋）？形塑如此充滿惡意行為的是什麼（行為主義解釋）？讀者們請記住，這種暴力行為已經是那個剛學走路的孩子的慣用伎倆：甩他母親巴掌、拉其他孩子頭髮（如果可以把他臉上的表情當作是個指示，我們看得出他很享受聽到其他孩子的哭聲）、推他弟弟去撞牆，只是想看他弟弟跌倒放聲大哭、用手指想把人們的眼珠從眼框裡挖出，而且從中得到極大樂趣。佛洛伊德、人文主義、行為主義對這年紀孩子的暴力行為提不出解釋，只能裝聾作啞。

上帝的無限慈愛使人類在許多方面均有別於動物，但針對我們的討論，最重要的一個區別是：祂不讓人類的孩子在一、兩年內就達到成人的體態。試著想想看，一位母親拒絕在晚餐前給她兩歲大、五呎十吋高、一百六十五磅重的孩子餅乾，會有什麼下場？那可不是什麼好看的畫面。上帝是善良的。

此外，心理學也無法解釋，為什麼一旦開始能夠駕馭語言，孩子們就會開始說謊（最有趣的是，每個孩子說的第一個謊言都是一樣的，像是曾有人告訴過他們似的，他們會說：「**剛才發生的事不是我做的；就算我做的也不是故意的。**」亞當說過這個謊，接著夏娃也說過）。

心理學無法解釋，為什麼擁有關愛他、悉心照料他的父母，一個孩子還是會突然開始反抗，即便是最無害的指令；為什麼和父母的要求唱反調時，孩子似乎可從中得到邪惡的樂趣？心理學無法解釋那個學步兒霸道的叛逆行為，因為它拒絕接受人類的天生反骨並沒什麼理由。這是《聖經》的觀點，而自從佛洛伊德開始，心理學就因盡可能遠離任何「宗教的」事物而蒙受了最大的損失。畢竟佛洛伊德曾寫過「宗教信仰是種幻覺」、「宗教是精神官能症者的避難所」。在某種意義上，心理學是後現代的產物，它才剛剛誕生，就決定否認一個比它還偉大的真理、權威。

為人父母唯一最大的挑戰，就是讓這個剛學步的孩子社會化。有時候這任務看起來像是不可能完成，它要求父母訂下紀律，讓孩子(一)知道他不可能做錯事而不付出代價，即便他只是個「小嬰兒」；(二)服從於父母充滿愛，同時帶有令人敬畏之權威的教化力量。（但不要搞錯了，儘管那孩子屈從父母的力量，但他不曾真正離開過他的本性，時不時地，甚至是進入了成人階段，他還是會要求人們聽見他的想法、要求成為注意力的重心、要求世界圍著他打轉、要求別人聽他的話。你看過一些成年孩子突然發作的樣子，如果你具備良好的自覺能力，甚至可以記得一些你表現出的不良行為：你曾經讓自己內在那個剛學走路的小孩掌控一切，讓他開始恐嚇這個世界。新時代導師及人文主義心理學家說對了一件事：內在小孩是非常真實的；他就活在我們每個人心中。他是個需要永無止盡地罰坐、最好還得面壁的學步兒。）

老祖母知道她那兩歲的孩子是個正在學壞的罪人，她採取行動，盡全力讓這個罪人改邪歸正（可別以為，這種相當有效的矯正能夠一勞永逸）。但是老祖母還是信奉《舊約》〈詩篇〉第五十一章第五節中所說的話為真理。

今天的父母不再糾正孩子的劣根性，他們讀了〈詩篇〉第五十一章第五節，但卻不覺得這些話適用於自己的孩子。

> 我一出母胎便是邪惡；出生之日就充滿了罪。
>
> ——〈詩篇〉第五十一章第五節

強迫他停止犯錯

人們所懷抱的錯覺尚不止於此。我曾問過一群聽眾：「我們需要教剛學走路的孩子打人、說謊、不聽管教嗎？」人們的回答總是：「不需要！」

但接著當我問：「我們可能**教會**孩子不要有暴力行為、說實話、服從正當的權威嗎？」聽眾總會回答：「可以！」

大錯特錯！有學習意願的學生才有辦法教導，這個學生必須了解自己的缺點，並且樂於從老師那裡學習。但一個本性邪惡的學步兒在這方面是不合格的，連一點希望都沒有。事實是，在我們可以教孩子正確行為的理由和原因之前，我們必須**強迫**他停止犯錯。我們必須強迫孩子停止打人、停止說謊，**強迫**孩子停止偷竊和破壞，強迫孩子和別人分享。

而這種強迫要求兩件事情：第一，父母必須和孩子溝通，告訴孩子自己**不會容忍**打人、說謊、偷竊和破壞的行為；第二，效果必須強有力到足以留下不可磨滅的印象。

我記得我的一個孫子，在他兩歲時，他的父母告訴我的妻子薇莉和我：這兩歲的孫子一不如意就會打他們。

我們問：「你們是怎麼處理的？」他們的回答是，向孩子解釋打人的行為是錯的，並且試著幫助他用更好的方式來表達挫折。換句話說，他們試著**教**他停止打人，卻不了解必須先**強迫**他停止打人的行為。

數週後，我說的那個孫子得和我們共度週末，因為他明理的父母出城去了。當我們幫他穿衣服時，我可能哪裡惹得他不高興。他馬上往後退，尖叫地往我的臉上甩一巴掌。我立刻把他抓過來打，一下而已，用意是要讓他感到屁股疼痛。我不是因為憤怒或是某種報復性的反射動作而這麼做，我打他，是因為我必須先**強迫**他停止打人，這是他年輕的父母不知道的。我看見他張大他的藍眼睛和嘴巴，開始打哆嗦，然後開始邊哭號邊捧著自己的屁股跳上跳下。我把他抱起來靠近我，告訴他我愛他，但我絕不允許他打我或是任何人。等到他平靜下來，我把他放在一張椅子上，然後跪在他前面，開始**教**他。

「你做了什麼？」

「我打……打……打……了你。」他還沒哭完，啜泣著回答。

「我做了什麼？」

「你打我屁股！」他用幾近挑釁的語調回答我。

「對，我打你屁股，」我說，「而且下次你打我時，我還是會再打你屁股。如果你打你奶奶，我會打你屁股。如果你打這屋子裡的任何人，我也會打你屁股。了解了嗎？」

「了……了……解。」

然後我們談我做了什麼事讓他不高興。（我這才明白，原因是我要他自己穿上內衣，而他的父母總是讓他先躺下然後再幫他穿上。）我告訴他當他不喜歡某件事情時，該怎麼說。我教了大概兩分鐘——一個剛滿兩歲的孩子的注意力極限——然後繼續幫他穿衣服。

三個星期後，他的父母驕傲地向我們報告，我那個孫子突然不打人了！真是奇蹟！同樣地，我做的不過是㈠清楚明白地表示我不會容許打人；㈡用強有力的後果讓他永遠銘記在心。（順道一提，我那孫子下一次看到我時，向我跑來然後跳進我伸直的臂彎裡。當權威以正當的方式使用時，它會慢慢將具有創造力、愛人能力的人類精神從人性的牢籠中解放；人性的牢籠有許多形式，但絕不包括創造力與愛人。）

小小罪人登場了！

當小小罪人從嬰兒期的沉睡狀態醒來，開始要人取悅他、服從他時，人們才會突然覺醒，了解到真實人類並不是神性與純真的。他們對此毫無心理準備，因此讓孩子爬到自己頭上；有些父母，從此以後甚至再也沒恢復過地位。因此，我建議家有嬰孩的父母要有心理準備：要是有一天小小罪人突然登場，從第一天起就要讓他清楚知道，父母的存在**不是**為了取悅他，父母**不會**服從他，事實剛好相反，是他要服從父母。

幾年前，一位母親十分憂慮地打電話到我辦公室，說服了薇莉要我幫忙作電話諮商。四天前，她二十個月大的兒子從午覺中尖叫著醒來，從那時起就沒停過。她和她的丈夫已用盡所有辦法，試圖讓他停止尖叫，但沒一樣是管用的。連給他新玩具也只會讓他叫得更大聲。如果有人想要抱他，他就會拚命掙扎，好像被弄痛似的。甚至好幾次都因為這樣而被拋下地。

到了第三天，這一對感到絕望而且極度煩惱的父母只好帶他去看小兒科醫生；醫生無法判定到底什麼原因導致他持續尖叫，於是建議他們尋求兒童神經科醫師協助。但神經科醫師也愛莫能助，於是安排他去作核磁共振檢查。當我回這位母親的電話時，我可以從背景聲音中聽到那孩子的尖叫聲。兩邊的祖父母、一位阿姨、一位叔叔，以及幾個朋友都聚集在他們家裡，安慰這對幾乎要抓狂的父母。「你有任何頭緒嗎？任何可能幫得上忙的建議嗎？」那位母親問。我可以聽得出她極度痛苦。在接下來的談話中，她好幾次都情緒潰堤地哭出聲來。

我感覺得到出了什麼事。一個真正的人類甦醒了，而為了不知名的理由，他決定以持續的尖叫來宣告自己的降臨。我向這位母親解釋我的想法。那當然不是她想要聽到的解釋，卻明顯符合事實。

「我們該怎麼做呢？」她問。

我叫她把孩子帶到一個舒服的沙發上，讓他坐在椅墊和靠背形成的直角上，面朝外。然後她自己坐下、往後靠著他，施壓讓他釘在位置上動彈不得。我說這樣一來他只能扭動身子，但逃不了。像這樣把孩子固定在位置上後，這位母親得用輕柔的語氣和孩子說話，告訴他尖叫是沒有關係的，但是只要他一尖叫，他就得待在那裡。然後她得開始說點正面的話，像是「生命很美好，我們住得好、吃得好，付得起帳單，美國還是世界上最強的國家」之類。其實她根本不知道自己在說什麼，這些話真正的目的，只是幫助**她自己**平靜下來。

「你可能得讓他在那裡待幾個小時。」我這樣提醒。

她覺得這已經沒什麼大不了，畢竟他尖叫了三天，她也熬過來了。我告訴她必須等到孩子停止尖叫，才能讓他離開，但是只要他又開始尖叫，就得隨時準備再把他釘回沙發上。她跟我保證會照我的話去做，然後隔天以電話向我報告進展。

隔天晚上，她依約打電話給我。從她平靜、自信的語調裡，我立刻知道一切都沒問題了。

「約翰，這真是太神奇了，」她這麼說。「他尖叫了大概一個小時後停下來，所以我讓他離開。但是一個小時後他又開始尖叫，我立刻帶著他回到沙發上，但他這次馬上就停下來了。現在他已經將近二十個小時沒有哭鬧了，一直開開心心地在玩耍。我的小男孩又回來了！」幾天後，她又向我報告了另一段好的進展，事情就這樣告一段落。這個故事的教訓是：如何讓一個小反社會者不要成為一個成人反社會者？

讓他坐下。

如果他母親不願意接受自己孩子的邪惡本性已然甦醒，她和她丈夫可能是誤信現在流行的一個觀念，也就是認為任何稍微偏離常軌的持續行為模式，都是心理或生理問題的徵兆。這兩種解釋實際上是後現代思惟方式的一體兩面，它們拒絕接受人性本惡，否認即使學步兒也有自由意志，不認為孩子該為自己的行為負起全責（因此也不認為該讓孩子負責）。這些父母可能已浪費多年時間，更不用說浪費大把大把的鈔票，將自己生命中的權能，白白割讓給那些可能把他的「個案」當成生活調劑的醫療和心理學專業人士。

那些專業人士會要他們接受一個又一個的測驗，想出一個又一個的假設，每個假設又都要他們做更多的測驗。在這同時，父母的無力感卻是日益加深。在專家們找出孩子行為問題的原因之前，他們可能不再試著用嚴肅的態度來教養孩子。因此行為問題就會變得更嚴重，而心理學家和醫師們可能會一起做出一大堆的診斷——諸如注意力不足過動障礙症、對立性反抗疾患、童年期躁鬱症。

從這點來看，製藥產業也投入了這項行動。他們試過一個又一個處方，有些比別的管用得久些，有些一點也沒用，而且對某些孩子還可能有負面反應，但所有這些結果只會「證明」那孩子是個多麼獨特的個案。

而經歷這永無止境的「治療」後，家可能也不再是個家。當然了，這只是推測而已，但是對數百萬今天的父母及孩子而言，這個描述也是他們真實的經歷，而這一切，絕大部分要歸咎於我們遺忘了原罪（稍後將有更多的討論）。

高自尊不是值得追求的目標

人文主義心理學對於後現代心理學式教養的第二個貢獻，便是認為高自尊是值得嚮往的特質——事實上，它被認為是個人幸福的基本條件，而做父母的應該盡其所能地幫助自己的孩子建立高自尊。

一九六〇年代晚期，心理學傳道者開始將高自尊描繪成正確、妥當教養的聖杯、最難得的成就。而將近五十年後，這個宣傳的效果也從未遞減過。他們告訴父母，只要用恰當的方式教養孩子，孩子就會得到高自尊。要是教養不當，就可能造成孩子心理上的創傷。長大後，他會認為自己是個沒用的天生廢物。

而據說任何針對孩子行為或任務表現的負面回應，都會降低這個心理珍寶的價值。讚美可提高自尊，懲罰則使自尊低落。成功（例如優異的課業成績、獲頒運動獎品）讓自尊升高，失敗和沮喪（例如課業成績差，連個「參加獎」都沒得到）則使自尊降低。據說，孩子與生俱來高自尊，直到父母的權威扼殺它。所有這些庸人自擾的觀點，對於那個世代的父母都具有高度吸引力，薇莉和我也屬於其中的成員。我們是聽大人說「我說了算」長大的，因此我們嬰兒潮世代就像《綠野仙蹤》裡的桃樂絲，沿著黃磚道前往奧茲國追尋夢想中的教養方式。

在更進一步探討我們的主題之前，容我先正確地定義自尊這個詞。「自我」指的是個人本身，「尊嚴」則意謂被讚賞、崇拜、尊敬及受到喜愛。因此要讓人覺得擁有高自尊，就表示你要讚美他——把他的自我看得很高。

老祖母可不認為人們應該把自己看得很了不起。事實上，她對於那麼做的人是不會給太多敬意的。她十分正確地認為自視太高是個問題，而不是問題的解答。老祖母推崇的是謙遜與樸實，也盡其所能地將這些美德傳遞給下一代。「別說大話。」她會這麼告訴子女，「把注意力吸引到自己身上是不禮貌的。」當她的某個孩子「忘了我是誰」，開始被高自尊弄得飄飄欲仙、得意忘形時，她會嚴肅地告訴他，他太過自我膨脹了，最好趕緊找回自己（「趾高氣昂」是另一個同樣的意思）。在老祖母的觀點中，我們今天所謂的高自尊是會令她皺起眉頭、不敢苟同的。

這也是《聖經》的看法。《聖經》並不認為高自尊是正當的。在《舊約》中，高自尊的人要不是經歷了慘痛的失敗、自我毀滅，就是成為天譴的最終對象。而在《新約》中，耶穌曾經談論過高自尊這主題，事實上是好幾次。

●「如果有人要跟從我，就得捨棄自己，背起他的十字架來跟從我。」（〈馬太福音〉第十六章第二十四節）

●「這樣，那些居後的，將要在先，在先的，將要居後。」（〈馬太福音〉第二十章第十六節）

●「因為上帝要把自高的人降為卑微，又高舉自甘卑微的人。」（〈路加福音〉第十四章第十一節）（重要的是要注意到，這裡耶穌所說的話，幾乎是逐字引自《舊約》〈以賽亞書〉第二章第十二節。）

在山中寶訓中，耶穌在八福山（見〈馬太福音〉第五章第三至十二節）祝福「承認自己靈性貧乏的人」、「謙和的人」、「為罪惡悲傷的人」。耶穌的教訓，和認為高自尊是美好神奇的、父母若為子女著想就應追求高自尊的觀點間沒有任何相符之處。

不時有人會告訴我，耶穌也說過「你要愛鄰人，像愛自己一樣」（〈馬太福音〉第二十二章第三十九節）。一點沒錯，但錯的是認為耶穌提倡愛自己。從他對此一主題的其他評論（如上面所列的）來看，這是完全說不通的。如果我們將那句陳述變成一個問題：「你是否愛你的鄰人像愛自己一樣？」誠實的人就會被迫回應否定的答案。換句話說，耶穌是在挑戰我們，要我們認清愛自己會妨礙我們好好愛其他人。耶穌不是在贊同愛自己，耶穌要說的是，為了努力盡自己本份愛我們的鄰人，我們還必須愛自己少一點，而且是少多一點。他也曾對人提出同一類的挑戰，像是他說一個男人以欲求的眼神看著別的婦人時，他和實際背叛婚姻誓言、和其他婦人發生性關係的人一樣都犯了通姦罪。讓我們面對事實：耶穌總是傾向更高的標準。

高自尊易養成暴力行為

許多年來，我都堅決主張好的社會科學研究總是肯定《聖經》和常識的，目前我還是這樣覺得。

社會科學家羅伊．博美斯特（Roy Baumeister）曾費時十年以上，研究擁有高自尊的人。他的研究結果，一點也不會讓老祖母感到驚訝。例如，博美斯特發現擁有高自尊的人傾向低自我控制，尤其當他們無法稱心如意時更是如此。他們無法很好地面對挫敗和沮喪，為什麼？因為高自尊的人認為他們有贏的權力，他們是天生贏家。

此外，高自尊的人容易把自己的挫敗和沮喪怪罪到別人身上，他們會在言語和肢體上對別人大肆攻擊、撻伐。博美斯特發現，對妻子施暴的人，就像虐童者、常出現狂暴駕駛行為的人及貧民窟裡的幫派份子，通常都有高自尊。

更讓人目瞪口呆的是，博美斯特發現惡行重大的罪犯——也就是那些會被關在重罪犯監獄裡的人——在高自尊評量分數上比任何其他的群體都高。這個發現，應該會讓你不寒而慄吧。

> 在某個意義上，高自尊是種保險措施；它是讓孩子能夠充分發揮能力的最佳保證。
>
> ——桃樂絲．布格斯（Dorothy C. Briggs）

大錯特錯！

當我和聽眾們分享這個觀念時，我總是告訴他們希特勒擁有高自尊，相對地他對其他人就毫不尊重。史達林、賓拉登、海珊、泰德．邦迪（譯註：美國最著名的連環強姦殺人犯之一，一九八九年伏法），以及每個你可以想得到的墮落反社會份子都一樣。常識告訴我們，一個人的自尊愈高就愈不尊重別人的權利，在極端的例子中，也包括不尊重人們的生命權。

高自尊光譜另一頭的代表人物，則是甘地及泰瑞莎修女，這些無私的人總是優先想到別人。但關於無私，沒有比耶穌更好的例子。耶穌如此摯愛人類，如此不考慮自己的利益（事實上，耶穌絲毫不考慮自己的利益），以至於他願意為人類的罪背負十字架，好讓我們能夠成為天堂的一份子。耶穌曾說，要成為他的門徒的人必須先「捨己」。耶穌已經用最明白的方式表達一件事：高自尊毫無價值。畢竟高自尊與捨己是對立的。人要全心全意愛上帝，就必須棄絕所有形式的偶像崇拜，包括自我尊嚴。

> 於是耶穌對門徒說：「若有人要跟從我，就當捨己，背起他的十字架來跟從我。」
>
> ——〈馬太福音〉第十六章第二十四節

根據最好的社會科學研究，以下摘要出擁有高自尊的人所具有的典型特質：

- 過度強調自己應得的權利（「我想要，而且我有權得到」）。
- 低自我控制，尤其當受挫時更是如此。
- 當事情不如意時，容易將氣出在別人身上。
- 犯罪者／反社會份子思惟：深信為達目的可以不擇手段。

你應該已經認出，這些也是學步兒具有的特質，他們是小罪人。而老祖母知道高自尊是問題，而不是問題的解答；她知道這些問題最早是表現在一個學步兒的行為上；她知道，要避免這個小反社會者成為一個成人反社會者，就必須付出最大的愛，同時運用最強的管教方式。對於管教自己的孩子，老祖母可不會有任何不情願。

學童高自尊的結果

任何一個經驗老到的小學老師，都會對高自尊與低自我控制的一致性有共鳴。過去四十年來，由於促進高自尊優先於促進學業表現，美國孩童的自我控制能力已大幅滑落。證據是，對一個五十五年前的老師來說，控制四十幾人一班的一年級班級不會有任何問題，但今天的一年級老師們，光是二十五個學生就都快應付不來了，何況他們還有助手！從前的老師，只需要處理偶發的行為問題；今天的老師，卻得應付一種叫做「行為異常」（behavior disorders）的兒童傳染病。這些行為傳染病，其實是低自我控制課題的不同花樣。

美國教育已經朝填滿高自尊這個新聖杯的任務出發。儘管已經有太多研究顯示高自尊不是值得追求的目標，美國教育還是緊抱著這個「孩子自尊愈高、學校表現愈好」的神話不放。但過去四十年來，學業成就的持續下降已經證實了這個神話是虛構的。研究發現更進一步粉碎它，許多研究都指出，高自尊者的表現一致低於他們能力水準的預測，更別說低於他們**以為**的表現水準。這是因為高自尊的人有一種應得權利的心態，相信他們做的**任何事**都有價值，所以他們很少全力以赴。

職員高自尊的結果

高自尊者自認有應得權利的心態，也會展現在工作場所裡。一家公司的經理最近告訴我一件事，呼應了其他經理和雇主的說法：「這一輩的新人給我們帶來很多困擾。」我的一個朋友最近也告訴我，他在亞洲設立工廠的一個主要原因是，亞洲年輕人擁有美國年輕人已經失去的東西：好的工作倫理。

「如果我在印度雇用一個同齡的人，他會相信自己該盡全力做好工作，所以我可以用一半價錢雇用到一個加倍努力的人，」我的朋友說，「既然如此，為什麼我還要付時薪十美元，給一個只做我交代他的工作的二十五歲美國孩子？」

（請不要誤會。我不是在為產業外移辯解，而只是想指出，對高自尊的追求已經傷害了這個國家的工作倫理，並逐漸瓦解上一代人辛勤工作、犧牲自我所建立起的一切。）

任何在近年來曾與大學生接觸過的人都知道，在美國，工作的價值與實踐正在式微當中。

——克萊德．威爾森（Clyde Wilson），南加州大學退休歷史教授[3]

每當我就高自尊相關的問題發表演講時，總會在聽眾間看見許多張困惑的臉龐。畢竟在過去的四十年裡，已經將假想中的高自尊優點視為理所當然。因此，每當我說高自尊不是什麼優點，而是種危險的社會產物時，父母們經常出現困惑、有時幾乎是憂慮的反應，好像我所提倡的觀念將會削弱他們孩子的能力，讓他們無法擁有成功的生活。可以料想得到，這些想像中的能力削弱有三種形式，也就是說，他們認為如果缺乏高自尊，他們的孩子將會：㈠無法擁有領袖特質；㈡失去自信；㈢變得消沉沮喪。事實上，這些想像中的能力削弱確實也只是：想像。

學習當個好的追隨者

關於領袖特質，我曾向父母們指出，他們不只希望自己的孩子成為領袖，更希望自己的孩子能成為**合乎道德**的領袖。畢竟，許多歷史上最具影響力的領袖都是墮落的反社會份子，例如希特勒。

有道德的領袖特質是追尋其他人的最佳利益，而不是領袖自身的最佳利益。有道德的領袖把重心放在協助其所領導的人們發揮自己的最佳潛能。有道德的領袖不會有高自尊，反而是高度尊重他人。不道德的領袖把自己看得很高，卻相當鄙視他人。在他們的觀點中，其他人的存在只是為了幫助成就**自己的**目標；是為了被操弄——這還是好的，或是被消滅——這是較糟的。

此外，為什麼幾乎所有的父母都希望自己的孩子成為領袖呢？做為一個好的追隨者是這麼可怕的事情嗎？好的領袖特質優於好的追隨者特質嗎？如果真是這樣的話，那又是為什麼？是因為好的領袖賺的錢比好的追隨者多嗎？是因為他們享有更高的社會地位嗎？

我建議父母們，要期望自己的孩子成人時能夠找到自己的方式，善盡所能地貢獻公共福祉。如果他們的能力在領袖特質方面能有最好的發揮，那很好；但如果他們的最佳特質屬於追隨者，那也很好。因為領袖的位置有限，大多數的孩子，讓他們都將是追隨者，而非領袖；明白了這一點的父母們，也許就會盡力幫助自己的孩子學習如何當一個好的追隨者。順道一提，學習當個好追隨者要從家裡開始，從學會家事、服從和有禮貌開始。

對自己的能力有高度自信，也不見得是件好事。研究者發現，高自尊的人習慣性地高估自己的能力，最後傷到的反而是自己。因為他們十分相信自己的優越性，可能會承擔任務，特別是具有挑戰性的任務，但在練習和準備時卻不夠努力。因此很可能表現得比那些較缺能力、較無自信的人更差，因為後者了解自己的缺點，乖乖做家庭作業。高度自信也可能冒愚蠢的危險，有時甚至危及生命。在最後的分析結果中，最可能擁有成功人生的人並不是高自信的人，而是那些能體認到自己長處和缺點的人。

至於憂鬱這件事，一些研究指出，高自尊的人比低自尊的人更可能陷入憂鬱，因為他們對沮喪、挫折、失敗和批評的忍受度不高，但日常的生活現實，卻經常讓「高自尊者」感到慌亂，於是引發「逃或戰」（憂鬱或侵略）的反應。（威脅高自尊者自我評價的情境到底會造成憂鬱還是侵略反應，似乎是由個人經歷、情境變項及人格特質所決定。）高自尊者的遭遇，似乎是「飛得愈高，跌得愈重」這句格言的縮影。這樣說來，高自尊的反面並不應該是憂鬱，而是謙遜才對；謙遜，是好的領袖和追隨者都具有的特質。

高自尊是……健全心靈的根本核心、基礎根基。

——湯瑪士．戈登博士，《家庭與學校中的自我訓練》

一錯再錯！

獎勵不比懲罰可靠

支持機械論宇宙觀的人——那些人相信宇宙的存在是個意外、演化論可解釋生命出現在地球上這個獨一無二事實，並奉為信仰——也會擁抱人類行為的機械論觀點，這絕非偶然。

在一九六〇年代，隨著心理學式教養革命的蠢蠢欲動，心理學家史金納（B. F. Skinner）的行為理論突然衝破學院門牆，進入了通俗文化中。史金納相信，支配老鼠、狗和其他物種的簡單原理也可支配人類的行為。也就是說，受到獎勵的行為會增強，而沒有受到獎勵或受到懲罰的行為則會減弱，最後「消滅」。這個觀念認為，改變孩子的行為可以像改變老鼠的行為一樣容易，心理學家為這樣的觀念神魂顛倒，他們宣布，在父母們嫻熟行為矯正的技術之後，不久就能培育出新一代快樂而乖巧、高成就的模範兒童。然而四十年過去了，我們的父母在子女教養方面所遇到的問題，卻遠超出老祖母的想像範圍。

行為矯正技術只適用於動物

出了什麼問題？答案很簡單，人不是動物。根據〈創世紀〉中的記載，人類是上帝的特殊造物，人類被創造出來是為了與上帝建立關係。認為機械論方式的行為操弄可以同樣適用於動物和人，是極荒唐可笑的。這個觀念預設，動物和人之間唯一的差別，只是**智人**（*homo sapiens*）在演化的亂仗中脫穎而出而已，完全是場意外。

人類不像動物，人擁有自由意志：我們有能力抗拒後果。老鼠和其他動物就沒有這種抵抗能力，牠們不由自主地屈服於任何的結果。人類不像動物，人的本質是叛逆難馴的，動物則不是。人類是唯一習慣性地從事自我毀滅行為的動物。人會妨害自己的最佳利益，只為證明規則不適用於他，證明任何嘗試改變他行為的企圖都無法影響他。因此，像這樣來自父母的抱怨到處都聽得到：「無論我在他身上下了什麼工夫，我的孩子還是我行我素。」訓犬師就不會這樣抱怨，訓練老鼠的人也不會。在我的實驗心理學研究所課程中，我們發給二十四個學生二十四隻老鼠，要他們訓練老鼠走迷宮。二十四個學生用的都是一樣的行為矯正技術，二十四隻老鼠都學會走迷宮而且走得一樣好。如果換成二十四對父母，在二十四個行為心理學家的指導下，將同一組行為矯正技術運用在二十四個素行不良的孩子身上，有八個孩子會有進步，有八個孩子會退步，另外八個孩子還是維持原樣。（順道一提，我可不是編故事。這個數字反映了關於心理治療結果的研究發現。）

請仔細想想：一隻迷宮中的老鼠來到了抉擇點，牠可以選擇左轉或右轉。如果右轉，牠將可得到一片起司做獎勵，如果左轉，則會是輕微的電擊懲罰。據說這個愚蠢的動物只敢左轉兩、三次，接著牠就再也不會左轉了。但如果「向右走」得到獎賞、「向左走」受到懲罰的是人類，可能會一再重複向左走，只為證明沒有人有權指揮他，他是不服規矩、不受管教的。就像剛學走路的孩子很善於表達「你無法主宰我！」或是青少年常說的：「我才不在乎你為我做了什麼！」

獎勵一點也不比懲罰可靠

結果證明，當對象是人類時，獎勵一點也不比懲罰來得可靠。在人類行為上，獎勵有時會產生自相矛盾的效果。舉例來說，有個五歲大的孩子似乎以絆倒弟弟為樂。在嘗試過懲罰無效之後，他的父母決定，如果他一個小時內都不去絆倒他弟弟，就給他獎勵。一小時過去了，他都沒有故技重施，於是父母給了這個男孩一些糖果並且大大讚美他一番，但接著卻氣餒地發現，他絆倒弟弟的次數竟然增加了！這孩子似乎了解，讓他父母給他糖果吃的辦法就是去絆倒他弟弟。畢竟孩子還是比老鼠聰明點。研究者也發現，當孩子表現良好——比方說著色很棒——時給予讚美和獎勵，可能會讓某些孩子完全不再做那件事。

在狗的身上，正確的結果就會導致正確的行為，換到人類身上則後果難料。如果一隻狗做錯事，只要訓犬師做出正確反應，牠就會停止犯錯；但如果做錯事的是一個孩子，而他的父母做出正確反應，這孩子可能還是我行我素。狗沒有自由意志，孩子有。這表示一個孩子不會改變他的行為，除非是他**選擇**這麼做。一個說服力足夠的結果可能會促使孩子做出對的選擇，但因為孩子是人，不是動物，所以無法保證。正確的結果改變狗的行為。而正確的**選擇**改變人類的行為。

行為矯正技術在孩子身上似乎經常行得通（也就是說孩子常選擇配合它），這讓父母和師長們相信，只要運用得當，或是以更一致的方式來使用，行為矯正技術就會萬無一失。但真相完全不是這麼回事。用亞伯拉罕．林肯的話來說，你可以用它一時愚弄某些孩子，但沒辦法永遠騙過大部分孩子。在有嚴重成長遲緩問題的孩子身上，以及封閉的、制度化的環境中，例如收容行為障礙的青少年的住宿治療中心，行為矯正技術似乎運作得相當不錯；但是在實際操作中、在真實生活中，只有當孩子**選擇**遵從時它才能夠「發揮作用」。

不幸的是，現今的大多數父母卻對行為矯正技術的神話深信不移。過去四十多年來，行為矯正技術已成為管教典範的霸主。當父母們使用「管教」這個詞時，他們通常指的是操弄獎勵和懲罰的某些手段。而相信在老鼠和狗身上管用的方法也適用於人類的信念，正是兒童教養所以變得讓人極度挫折、充滿壓力的原因。

後現代、心理學觀點	老祖母的觀點
佛洛伊德：早期童年經驗塑造個人的行為和人格特質。	《聖經》上說：孩子的行為是受到外力影響，但不是被外力**決定**；更確切地說，是孩子選擇了自己的人生軌道。
人文主義論調：孩子的本性是良善的。	《聖經》上說：孩子生來就背負原罪。
人文主義論調：高自尊是好的，父母應該幫助孩子建立高自尊。	《聖經》上說：對一切事物抱持樸實、謙遜的態度是值得追求的目標，《聖經》還說那些擁有高自尊的人「必降為卑」（will be humbled）。
行為主義論調：行為矯正技術對人類和老鼠、狗都一樣管用。	《聖經》上說：人並非動物。人擁有自由意志，能夠成功抵抗行為矯正技術的操弄。

曾經在不久以前，父母們都了解，孩子的管教要能成功，父母言出必行而且清楚表達真正想法才是最重要因素。比方說，如果一位父母告訴孩子不能給他糖吃，那他就得遵守自己說過的話，並且清楚向孩子表示，無論什麼樣的威脅利誘都無法讓他得到糖果。此外，大部分的人也了解，而且是直覺地了解，教養基本上是種領導，不是用懲罰，也不是用結果就能達成目的。而我們將了解到，這個理解還是挺管用的！畢竟太陽底下沒有新鮮事。

與日俱增的憂鬱和自殺率

過去的時間，已足夠我們決定這個偉大的社會實驗是否可行。它可行嗎？這問題可藉由一個單獨的事實來回答：自從一九六五年後現代心理學式教養開始在美國文化取得立足點以來，每一個關於美國孩子主觀幸福感的指標，都出現了劇烈下滑的趨勢。現在的孩子，在幸福感方面完全比不上不過才兩代之前的孩子。

「別鬧了，約翰，」一位心理學家曾反駁我，「根本就沒有什麼幸福指標，這是你虛構出來的！」

不，我沒有虛構。正如我向這位心理學家指出的，的確存在著幸福指標，那就是兒童與青少年憂鬱的人均比例，自從一九六五年來，數字至少翻升了五倍。而從一九八〇年至一九九五年，僅僅十五年的期間內，十至十四歲男孩的自殺率幾乎成長了一倍！[4] 如果這些數字無法說明不快樂感，我真不知道什麼是不快樂了。

我成長於一九五〇年代。諷刺的是，比起今天的孩子，我的同儕和我被期望肩負起更多的責任，然而我們卻比今天的孩子快樂多了。我在芝加哥郊區上高中，那是一所很大的學校，一九六五年時整個學校約有四千名學生。而我在這所大型學校的四年內，據我所知沒有任何人自殺、沒有人拿刮鬍刀片在自己手臂上刻些撒旦似的圖騰或詭異的訊息，也沒有人做出任何形式的危險自暴自棄行為。當然了，偶爾是會有個不那麼快樂的孩子，但沒有人讓不快樂感折磨到得從學校輟學，或是進入住宿治療中心（當時的人，以較委婉的用詞來稱呼這種地方）。別誤會我的意思，我當然知道的確有些孩子遭遇到問題，但實在不多見。相對照下，在今天典型的高中裡，有許多女孩服用抗憂鬱藥，許多孩子自殘，很多人得定期和心理治療師見面，學校每年都得花上一大筆錢在自殺防治上，輟學率攀升，甚至在中產和上層階級之間情況亦是如此。

毫無疑問，在父母開始對心理學家（別忘了，我就是其中一位！）與其他心理健康專業人士言聽計從之前，美國孩子快樂多了。難道我是說我的專業就是問題的來源嗎？是的，我幾乎敢肯定。心理健康專業人士是後現代心理學式教養的頭號建築師，他們得為它造成的災難負起主要責任。

毫無疑問，今天的父母在孩子身上遇到的問題，已經遠超過他們父母、祖父母的想像，承受的壓力比所有老祖宗加起來還多，也比過去的人更常聽取專家的建議。這就是原因和結果，我可不是在反諷。這些專家的建議就是問題所在。

老祖母的建議並不完美。老祖母是人，人所做的任何事都不可能是完美的。但老祖母的建議卻行得通。它們對孩子、婚姻、家庭、學校、社群和文化都能發揮作用。這些建議過去是可行的，而隨著愈來愈多父母選擇從後現代心理學式教養方式出走，重新向老祖母的智慧學習，他們的親身經驗也證實這些建議依然是可行的。

後現代心理學式教養是棟建築在流沙上的房子。從它的大門向公眾打開的第一天，地基就開始在流失。而就在四十多年前，我們卻放棄了另一棟建在磐石上的房子。好消息是房子還在，而且就跟以前一樣好住。事實上，我們的老祖母還住在那兒呢。如果你想去走走，那就緊跟著我。

團體討論或個人反省的問題

一、談談你的孩子有哪些表現或行爲，讓你感到驕傲或有罪惡感，無論正（好成績）負（破壞行爲）面，請舉出三個方面。請想想，如果由其他人來扶養你的孩子，他出現同樣行爲表現的可能性有多高？如果情況果眞如你所言，請問你的教養方式爲何會不同？

二、你是否有時會找藉口解釋自己孩子的劣行？如果是的話，請舉個例子。如果你不允許「如果、而且、可是」之類的藉口，你的教養方式會出現什麼樣的改變？

三、你是否願意承認孩子的自由意志強過你的管教？請就你孩子之一，舉三個例子說明孩子行爲如何與你的教養方式無關——你顯然已盡力扮演自己的角色，但你的孩子還是我行我素、全力搞怪。

四、當你的孩子展現其眞正的本質時，親子關係是否出現失衡？如果關係到子女的管教，失衡的問題仍然存在嗎？如果是的話，那是怎麼發生的？如果改變你的教養觀點和態度，承認孩子的本性，讓他容易在任何既定情況下犯錯，事情又會如何？

五、請思考一下：如果所有的反社會行爲都源於未被解決的心理課題或心理「失衡」之類，那麼耶穌爲救贖人類而犧牲在十字架上的意義是什麼？

六、請舉出你的孩子時常表現出的幾種高自尊行爲，例如發怒、打斷別人談話、大聲說話、出現破壞行爲、扳起臉孔鬧脾氣、拒絕服從。你是否傾向替某一些或所有的這類行爲找藉口？（例如你可能會說，「他才四歲而已。」「他長大後就不會了。」），因而未給孩子適當的管教？

七、請舉出你的孩子的幾個劣行，且管教無效、沒有方法可治。你認爲你的父母或祖父母會怎麼處理這些問題呢？他們會運用行爲矯正技術嗎？他們的挫折感會跟你一樣深嗎？

八、請就下列與孩子行爲相關的因素，根據影響力的高低加以排序：家庭教養、同儕、個人性情、生命中的各種事件和情境、自由意志、上帝的旨意。請與其他團體成員共同討論，看看是否能取得共識。

註釋：

1 *Newsweek*, March 16, 2006.

2 參見〈出埃及記〉第三章第六節。這孩子聲稱自己是神、是最初也是最終的權威，而這個主張正是所有罪惡的根由。

3 *Chronicles* magazine, December 2006.

4 引自 National Center for Health Statistics publication *Death Rates for 72 Selected Causes, by 5-year Age Groups, Race, and Sex: United States*, 1979-95, 可上網查詢，網址為 http://www.cdc.gov/nchswww/data/gm291_1.pdf。

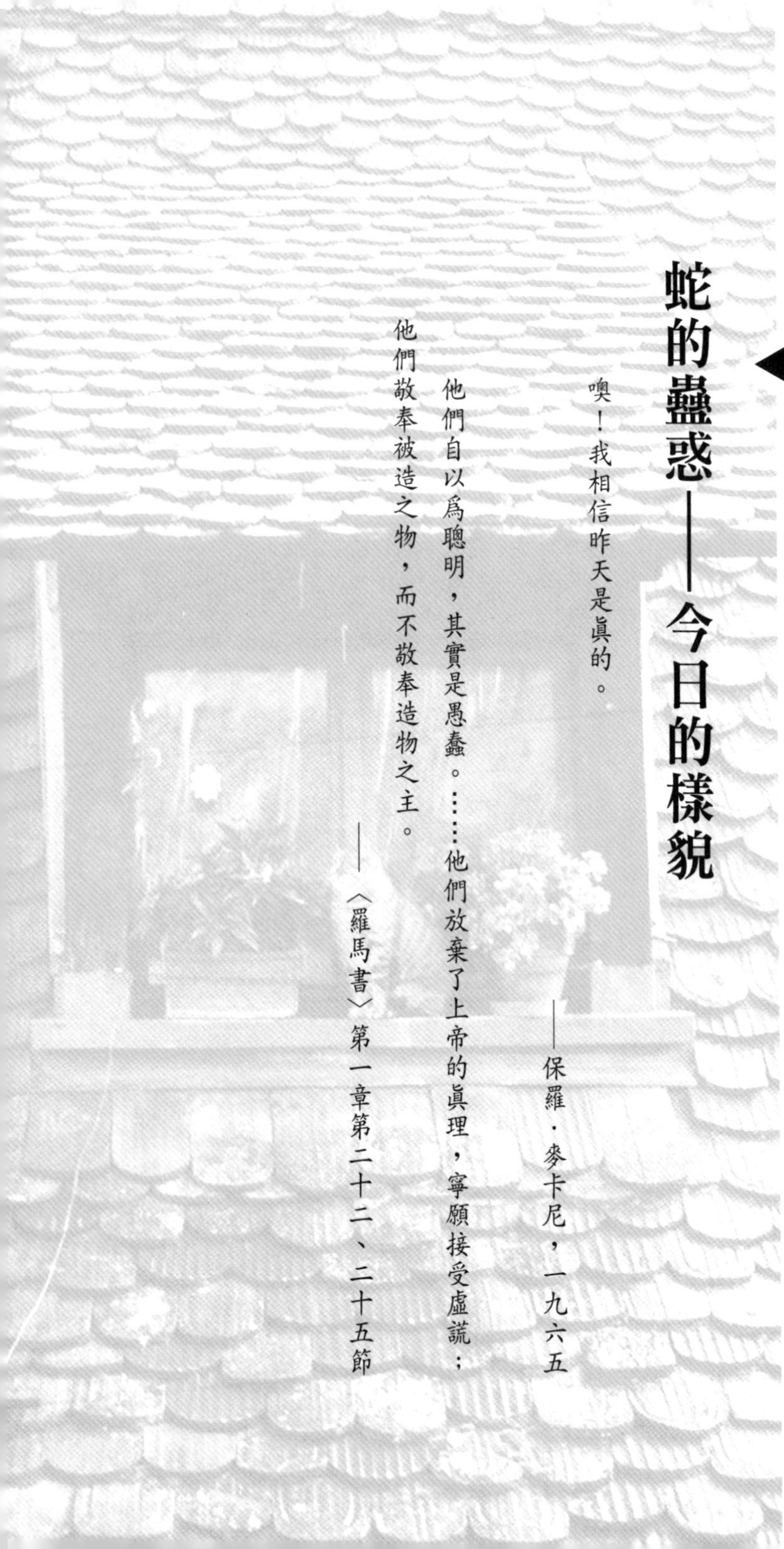

第三章

蛇的蠱惑——今日的樣貌

噢！我相信昨天是眞的。

——保羅．麥卡尼，一九六五

他們自以爲聰明，其實是愚蠢。……他們放棄了上帝的眞理，寧願接受虛謊；

他們敬奉被造之物，而不敬奉造物之主。

——〈羅馬書〉第一章第二十二、二十五節

「好公民得從家裡培養起」，是老祖母最喜愛的教養格言之一。這句話的意思只是要說，無論什麼時候、針對什麼事情，父母都應將養兒育女的「目標」設定成培養好的公民，讓孩子成為對自己的文化有貢獻的人。從這個角度來看，老祖母了解她養育的是個成人，不是孩子。這也是〈箴言〉第二十二章第六節所要表達的意義：「教導兒童走正路，他自幼到老終生不忘。」

老祖母的三R教育

在老祖母的時代，家人住的地方和家庭就是人格教育的教室，父母是老師，孩子則是學生。在這個教室裡，父母計畫課程表，傳授孩子們成為好公民必需的一套價值觀。這份課表的核心是由下面三門課組成，其英文皆以R為首，故稱「三R」：

● **尊重**（Respect）：學會尊重每個人的基本尊嚴，要學會這點，孩子們必須先學會尊重正當性權威，而父母即是他們第一個得學會尊重的對象。

● **責任**（Responsibility）：責任這一詞有兩個同樣重要的意義。首先，要能當責，為自己的行為負起責任；第二，願意執行由權威人物（及那些因身為家庭／社群成員而享有權力者）所指派的任務。

的態度。

● **應變能力**（Resourcefulness）：對生活的挑戰抱持不氣餒、堅持到底、不怕失敗

從這三門核心課，能激發出更多良好品格的特定德行。以誠實為例，就源自個人的責任感及對他人的尊重。而當人們認清自己必須對更大的社群負責，尤其是必須對窮人負責任時，自然就會表現出仁愛。仁愛的人了解每個人的尊嚴，無論其身分地位或處境為何。以此類推，節儉、同情、勤奮、自制——所有這些德行全都源自於這三R。

三股合成的繩子是不容易拉斷的。

——〈傳道書〉第四章第十二節

「老祖母的公民與道德課」絕對是既有效果又令人振奮的經驗。她從小就教孩子要有禮貌，用這方式讓他們學會**尊重**他人。她讓孩子們分擔家事，教他們對任務**負起責任**。她堅持孩子必須為自己的行為負起個人責任，或是**社會責任**。最後，老祖母期望孩子能自己解決問題、自己找樂子、自己做家庭作業，甚至製作設計自己的玩具。藉由這些方式學習，老祖母幾乎可擔保他們能機智地**因應生活的挑戰**。重要的是，關於因應生

活的挑戰，老祖母認為她為孩子們做得**愈少愈好**，因為這樣的態度可以幫助孩子學會自立自強。

自從後現代心理學式教養俘虜了美國人的注意力，老祖母那實用、符合常識、腳踏實地，並以《聖經》智慧為基礎的教養方式即不再受到重視。由於後現代心理學式教養強調提供孩子成功經驗，於是能力訓練逐漸且毫不留情地取代了禮儀訓練，而課後活動則取代家事分擔。新的心理學典範讓父母們以為，為孩子做得愈多，就是愈好的父母。說到負起行為的責任，老祖母期望孩子們學會依靠自己，靠自己爭取一切，有問題自己解決。然而，今天的父母卻往往越俎代庖，幫孩子們承擔他們應盡的責任。

老祖母堅持她的孩子得學會禮貌，因為禮貌是尊重他人的行為表現。一個懂禮貌的孩子，慢慢地也會懂得打從心裡尊重別人。老祖母了解，尊重**他人**，而不是看重**自我**，才能夠健康地表達情感、對社會有貢獻。她也知道，人會在尊重他人的過程中慢慢培養出個人尊嚴或是自重感，他會感覺自己對世界做出了正面的貢獻。

看重自己，不如尊重他人

別搞錯了！自重（self-respect）和自尊（self-esteem）可不是像許多人以為的那樣是同一回事，而是兩個極端的對立面。當一個人以尊重和有尊嚴的態度對待任何身分地位的人時，就能培養自重的心態。給予他人尊重的時候，尊重也在你的內心萌芽。這創造出一種「回饋的循環」——尊重他人，會讓人自重；於是自重又強化了尊重他人的行為，依此類推。這應了一句俗話，叫做「種瓜得瓜，種豆得豆」。

另一方面，不懂得給予，只會予取予求的孩子則會發展出自尊。自尊會讓一個人對可利用的、能帶給他成功經驗的（即便是虛假的）、讚美他的人殷勤有禮，也會讓他對自己的事情展現禮貌。當自尊提高時，對他人的尊重就下降了。自重的人也會慷慨寬厚，但高自尊的人卻會變得自私自利。

無論社會地位、收入或物質財富是否豐厚，高度尊重他人的人（因此也是高度自重的人）都能知足。但是高自尊則會創造出自我滿足的幻覺。高自尊讓人渴望得到注意力、肯定、社會地位、支配力以及各式各樣的東西，卻沒有滿足的一天。

> 驕傲的人難得感恩，因為他永遠認為自己應該獲得更多。
>
> ——亨利．畢傑（Henry Beecher, 1813-87），美國牧師、社會改革者

一個自重的人，總是把重心放在對他人的責任與義務上；但一個高自尊的人卻永遠只關心別人能為自己做什麼、該為自己做什麼。一個自重的人盡力完成自己的工作，

因為他的人格尊嚴不容許他偷懶，而藉著圓滿完成他的工作，也對他人的福祉做出了貢獻。但一個高自尊的人只有當他認為工作有利他的唯一考量——他自己——時，才會全力以赴。因此高自尊是種偶像崇拜的形式，自我成了他個人崇拜的神。畢竟在英文裡，「尊敬」（esteem）就是「崇拜」（worship）的同意詞。

自重與人的社會地位是無關的。自重是體認到你正在做的事是有貢獻的，而且不僅限於每星期五天、朝九晚五上班時才有貢獻。自重是體認到，每當你停下來讓你前面的橫向駕駛先通過時、幫某個人開門時、讓位給年長者時，換句話說，也就是每當你以符合人性尊嚴、有禮貌的態度對待他人時，你都正在讓這個世界變得更美好。自重無關乎你賺了多少錢、房子有多大、開多貴的名車，或是你的外表多有魅力（從世俗的標準來看）；自重只跟真正的、真實的**你**有關。自重是種品格，而一個人的品格不會從他的財富和地位顯露出來，而是他的教養、他對待他人的方式——甚至是那些他不認識而且再也不會見到的人。

當該盡的努力都盡了，**自重與自尊間基本的差異，就只是一個希望為別人做事（找機會為別人服務），一個則希望／期待別人為自己做事（希望被服務）**。正如我前面說過的，這兩個特質是極端的對立面；它們表達出從根本上就不同的兩群人的特點，而這些根本上的差異，也造成他們在所有方面的不同。很明顯，自尊並不是《聖經》中所要追求的理想。

重視能力更甚於禮貌的時代

就像和我同一代的孩子們一樣，當我進小學時我還沒學會英文字母，不過我懂禮貌。在我六歲前，我母親（我七歲前的大部分時間都是個單親媽媽）就教我要稱呼長輩「叔叔」、「阿姨」，要會說「請」、「謝謝」，要為女士和長者開門。媽咪訓練我要懂得應對進退，隨時照應別人的需求。

今天的父母也會說他們試著教孩子禮貌，但其實頂多只是心血來潮時才這麼做。他們似乎無法專注在根本的事上。

舉個例子，每年有八個月的時間我都在旅途上奔波，趕赴一個又一個的演講邀約。已經數不清有多少次，當我乘坐電梯下到旅館一樓時，經常無法從電梯裡出來，因為電梯門才一開，孩子馬上蜂擁而入，擋住了我的出路。我說到的這些孩子常常是青少年，而且有許多次，這些孩子的父母就站在他們後方，卻一句話也沒說。有時候，他們甚至跟著這些孩子衝進電梯！而我還被困在電梯裡，努力地想讓他們聽到我說的話：「請讓我出去好嗎？」不只一次，我只好認命地多繞點路，搭另一部電梯再下一次樓。

訓練孩子具備適當的電梯禮儀，只需花費少許時間或精力。你只需要說句：「門開時，我們先站在一旁讓人離開，等每個人都出來了我們才進電梯。」在我五歲還沒上學前，我母親就訓練我這麼做了。當我問我同年齡的人，他們什麼時候學會站在一旁先讓人們離開電梯，回答通常是：「記不得了。我一直就是這麼做的。」這表示他們就跟我一樣，很早就學會這麼做。

現在的孩子，會不假思索地切入、打斷人們的談話，就跟他們一窩蜂搶入電梯一樣。某種程度上這種情況是可以理解的——現在許多父母不是認為，只要孩子們說句「抱歉啦！」就可以突然打斷人們的談話嗎？

幾年前我曾遇到一位來自南非的同事，當時，他就說起美國孩子有多常突然打斷人們的談話。他告訴我，在他的國家，孩子們從很小就被訓練，當大人正在說話時，要站在一個表示尊重的距離外，直到談話暫停才能靠近。那麼，孩子可以在談話暫停時忽然插嘴嗎？絕對不行。當談話暫停，某個大人轉身問孩子：「有什麼需要幫忙的嗎？」那時候他才可以說話。這位同事跟我說，孩子從三歲起就被訓練要這麼做。多有教養！這類的教誨，教出的是凡事先考慮別人、懂得禮讓的孩子。而沒受到這類基本禮儀訓練的孩子，則凡事只考慮自己！也就是說，他得以放縱自己的高自尊。今天的父母受到讒言誘惑[1]，認為高自尊是個寶物。我希望到目前為止，我已經能夠說服你，高自尊毫無用處，是個壞到極點的東西。

被當成戰利品的孩子

從前的父母教孩子禮貌，今天的父母卻把重點放在協助孩子取得技巧和能力，尤其是學術和體育方面。這樣的轉變，是因為技巧、能力關乎高自尊，禮貌則無關。許多父母嘗試要打造出我所謂的「戰利品小孩」，像是三歲就會背英文字母、四歲就認得五十個州的首府。所以今天許多的父母為了讓孩子們「贏在起跑點」，把學齡前的歲月花在學業，而不是花在建立優良人格基礎上。這種方式……確實有點管用。

相較於我小學一年級那班的五十個學童，今天的孩子進小學時所具備的技巧和能力比他們好多了，但對大人的尊敬卻少得多。有趣的是，當父母的教育和收入水準不變時，一九五〇年代的孩子在每個年級、每個主要科目的表現，都比今天的孩子要好。這是因為尊敬大人的孩子會注意大人、聽大人的話，而注意老師、聽老師的話的孩子在學校裡會盡力學習。

美國國家教育協會（National Education Association）和其他的教育宣傳團體成功說服大眾，小班級的學習效果會比較好。一派胡言！自從一九五〇年代以來，有兩個關於小學一年級學生的統計數字呈現下滑趨勢：師生比及每學年結束後的平均閱讀水準（事實上每個年級在這兩個數字方面，都出現下滑的現象）。換句話說，和神話所說的相反，小班級和更好的學習效果一點關係也沒有。當其他條件相等時，一個好學生首先一定是上課時專心聽講的學生。進小學時已經學會注意聽大人說話（尤其是女性成人）的孩子，在學校的表現會比那些還沒學會聽大人說話的孩子好得多。而今天，有這麼多注意力不足的孩子進小學，這是小班級無法解決的。

老師最清楚這個道理。為了強調禮貌、尊重和行為良好的重要性，我有時候會在演講時要求所有教職人員起身，然後我會說：「有一個二十五人的班級，孩子們平均智商一百五以上，但不懂禮貌，而另一個同樣人數的班級，他們的智商只是一般平均，但有教養、素行良好，如果你寧願教前者也不願教後者，那麼請繼續站著。」每個老師都會坐下。這說明了一切，不是嗎？

家事分擔讓位給課後活動

當我詢問父母，大部分的時間都從事什麼家庭活動時，他們提起的大多是孩子們課後參加的各種運動練習和活動。很抱歉，但我得說，看孩子運動或在觀眾席為他們加油並不算是**家庭活動**。野餐是家庭活動，到大自然走走是家庭活動，在博物館消磨一下午是家庭活動，到尼加拉瓜大瀑布或迪士尼樂園一遊是家庭活動；從觀眾席幫參加某項運動的孩子加油？稱不上是家庭活動。

當大家一起出力清掃家裡、一起幫菜園除草、一起耕種一個可讓孩子學習如何照料管理的花園、一起幫忙把食物端到桌上時，我們可以說，這是在參與真正的**家庭**活動。悲哀的是，在今天只有極少數家庭會定期從事這類的活動，幾乎可說是完全消失了。算算看孩子們得參加的課後活動，更不用說家庭作業，根本就沒時間可以花在家庭活動上了。因此我要堅持，許多孩子是在沒有適當「家庭」觀、不知道家庭真正意義的情況下成長。他們知道「團隊」這個詞的意義，卻不明白家庭正是一個人所能參與的最偉大團隊。

孩子要學會成為家庭團隊的一員，就必須在家庭中扮演一個有意義的角色，而這個角色和這些有意義的責任，應該要在孩子四歲前就被界定清楚，並隨著孩子長大而逐漸擴充。透過家務工作的分擔，一個孩子貢獻力量給自己的家庭。這過程不只會培養出個人價值感，同時也在他心中種下了家庭的價值觀。他與家庭及家庭所珍視的價值，會產生愈來愈強烈的聯繫。

做完家事才能出去玩？

不幸的是，大多數今天的孩子對家庭毫無貢獻。霸佔臥房、看電視、玩電動玩具、消耗家庭的資源……可都不是什麼貢獻，不幸的是，這竟是許多孩子在自己家裡扮演的全部「角色」。也就是說，在今天最典型的家庭裡，唯一表現出責任感的人就是父母了。這種單方面的責任感所造成的問題是，只消費而沒有貢獻的人勢必出現一種應得權力的心態，他會覺得「這是我應得的」。在這種情況下，個人主義（高自尊）和物質主義開始支配一切，妨礙了更實用的利社會價值觀，以及真正有效的自我價值感的發展，而這兩者皆需建立在對上帝之愛的理解上。

利社會價值觀和自我價值感的發展受到阻礙的孩子，只有當得到想要的東西時才會感覺良好，一旦無法遂其所願，感覺就會變糟。諷刺的是，我們所有想讓孩子快樂的努力，竟只是讓他們身陷永久不滿的風險之中。自從一九六〇年代起，兒童與青少年的憂鬱比例就呈現穩定上升趨勢；如果「快點，我得準時送你去參加美式足球練習」取代了「做完家事才能出去玩」，成為家庭活動的重心，毫無疑問地，這在推動前述趨勢上扮演一個重要角色。直到孩子成年為止，他對家庭的消費始終超出了他的貢獻。但父母們可以而且也應該努力，儘可能與子女維持對等關係，務必讓孩子長大後不會以為自己可以不勞而獲。

一九五〇年代和之前的時代，幾乎每個美國孩子都被訓練要盡家庭成員的義務與責任，而一張家事表就是父母訓練他們的方式。男孩女孩早從三歲就得開始做家事。比方說，在我四歲前，我母親就教我洗地板。雖然我沒辦法做得跟我母親一樣好，但那不是重點。儘管母親希望我能盡全力，但她知道，我洗的地板乾不乾淨，跟我正在回饋我們這個小小家庭是毫無關係的；也就是說，我正在貢獻我的心力。在這過程中，我吸收到良好的公民道德，那就是約翰．甘迺迪總統在一九六一年就職典禮演說中曾說的：「不要問國家為你們做些什麼，要問你們能為國家做些什麼。」同樣地，身為家庭的優良成員，就表示不要問家裡能為你或應該為你做些什麼，而要自問你能為、該為家裡做些什麼。

當我五歲時，我母親教我用她的「洗衣機」洗我自己的衣服，那是個鍍鋅的桶子，上面拴了根手搖桿。我十歲時，每年春天都要刷洗房子的內牆，並重新將外牆木造板條上油。十三歲時，我學會如何粉刷房子，換掉破掉的玻璃窗、修剪草坪、洗燙自己的衣服、整理花園預備栽種、煮一整頓餐點。我的經驗絕不是特例，事實上，這是我那一代的孩子都該會的，其中有許多在農場上成長的孩子，他們對家庭的貢獻更是遠遠超出我這個都市小孩的想像。

現在的父母，會說些像「我**試過**讓我的孩子做家事」之類的話。這表示孩子只有偶爾、只有當有爸媽可依賴時才會做家事；這也表示，爸媽沒有把做家事當成一件優先的事。我還聽過其他說詞：「我想讓我的孩子多做點家事，但是課後活動和家庭作業占據他太多時間了。」但這說法迴避了關鍵的問題：為何有這麼多的父母認為課後活動比分擔家事重要呢？我認為，當人們口口聲聲嚷著「學著成為團隊的一員」、「培養良好的社會技能」時，家事的地位被課外活動取代，其中有兩個真正的理由：(一)做家事無關乎成功及高自尊；(二)每個人都參加課後活動。

就第二點來看，許多家長曾告訴我，如果他們的孩子不參加課後活動，他們會擔心孩子無法發展出良好的社會技能。但我認為，這是毫無根據的說法。

首先，真正的社會技能是以尊重他人為基礎，而我願不厭其煩地大聲疾呼：禮貌可以讓你學會尊重他人，打美式足球卻不能。

第二點，在我這一代，那些在農場上成長、除了上教堂外鮮少接觸自家之外其他孩子的人，都能擁有良好的社會技能。我可以證實這一點，因為我和許多在農場上成長的年輕人一起上大學。老實說，這些孩子大多比在擁擠的郊區街坊裡長大的人擁有更好的社會技能。(在最後的分析中我會指出，高度尊重他人的人，會比高自尊的人擁有更好的技能。)

第三點，對於任何真的想幫助孩子增進社會技能的父母，我會說：「關掉電視、收起電動玩具、拿走孩子房間裡的電腦！」這些讓人孤立、頭腦變笨的電子產品，最不利於孩子發展社會技能了。說到這裡，我又快要開始激動了，所以我們還是回到目前這個話題上。(如有興趣聽我指責電子媒體對現在孩子的影響，請參見《培養出健康快樂孩子的六個新絕招》〔*The NEW Six-Point Plan for Raising Happy, Healthy Children,*

Andrews McMeel, 2006〕一書第六章。）

敗壞的工作倫理

年輕人間逐漸升高的應得權力感，正在侵蝕美國的工作倫理。經理人的話可以證實這件事——他們告訴我，許多年輕人一進公司就擺出一種態度，彷彿雇傭關係是條單行道，為他們做事是雇主的責任，包括付給他們豐厚的薪水、提供一堆福利、讓他們想請假就請假等等。很多年輕人似乎認為，自己只要去上班（但不一定準時）、做的事剛好可交差就是盡了責任。

我有個朋友是美國銀行（Bank of America）的經理，他告訴我下面這個故事：他部門的一個員工，在資料庫裡輸入了錯誤數字；當我朋友指出這個錯誤時，那名年輕人（一個大學畢業生）回嘴說，工作說明上面沒說他得輸入**正確**的數字。他堅持，檢查他的工作並做必要修正是別人的責任。當我的朋友試著說明這不是做事的方法時，這名年輕人氣沖沖地衝出去，向另一個督導抱怨。

我敢說，那個年輕人是在一個從不要求孩子做事的家庭中長大的。就像他這一代的大多數年輕人一樣，他也許也加入過許多課後活動團隊，卻從來沒有從家庭團隊活動中學到正確的道理。

這個故事只說明了冰山的一角，但是這類的故事絕非特例。過去五年來，許多公司經營者告訴我，他們不再雇用四十歲以下的人。最近還有一個這樣的雇主跟我說，他不再雇用五十歲以下的人，而且他要求的年齡下限每年都在增加中。令人驚訝的是，他才三十八歲而已！

「有太多年輕人一點也不尊重權威，」他告訴我。「但年紀比我大的人似乎比較尊重權威，甚至是像我這樣比他們年輕的權威，也能得到他們的尊重。」

這些故事，向那些努力促進孩子們的高自尊，更甚於教育他們成為好公民的父母證實了一件事：他們的努力是成功的。畢竟要一個才二十出頭的年輕人告訴一個四十幾歲的上級他才是對的，而他的上級是錯的，那可需要很高的自尊才行，但假如他的上級不喜歡這個說法，那可就太糟了。

重視參與更甚於承擔責任

在一九六〇年代晚期的心理學教養革命發生前，父母們期許自己的孩子可以為自己的過失和犯錯負起全部責任。這件事從當時流行的俗話就看得出來，父母們期望子女「自己的仗自己打」、「自己的爛攤子自己收拾」、「自己的事自己完成」、「自己闖的禍自己受」。這些俗話可以翻譯如下：

●**自己的仗自己打**：一個孩子回家抱怨老師，父母會告訴她，如果她知道好歹，她就會停止那些惹惱老師的行為，並盡力做任何事好讓老師能「喜歡」她。她的父母還會向她保證，如果她沒有乖乖照著他們的話做，而讓老師在學習報告表上面記上一筆，她絕對會吃到苦頭。

●**自己的爛攤子自己收拾**：如果有個孩子平常都是個好學生，但因為沒有認真準備一個重要的考試，結果被學校禁止參加為期一天的校外旅行，他便拒絕上學，並為自己的行為辯解。而他的父母讓他「吃到應得的苦頭」。

●**自己的事自己完成**：一個青少年的父親拒絕幫他設計、完成一個關於電磁能的科學競賽研究，他告訴他兒子，他希望他能夠表現得很好，所以他得自己完成。這位父親是個物理學家，他說如果他提供幫忙，就等於是給了他兒子不公平的優勢，從倫理上考量，他是不會這麼做的。

●**自己闖的禍自己受**：一個十歲的孩子讓另一個孩子騎他的新腳踏車一天，那個孩子把腳踏車停在一個公共場所，結果被偷了。這個十歲孩子的父母不只拒絕去跟那個孩子的父母說這件事，也拒絕買給這孩子一部新腳踏車，他們告訴他，要買新腳踏車就要自己賺錢。

這些都不是我虛構的故事，而是我從我同年紀或更年長的人那裡聽來的真人真事。在每個案例裡面，那些曾經身為孩子的成人都說，儘管那些經驗當時似乎是痛苦的，但這些插曲卻在他們一生中發揮了最大的人格塑造效果。請注意，在每個案例中，身為父母的人都沒有插手自己孩子的衝突、責任和問題。他們期望孩子們能夠自立自強。

過度參與，過度緊張

後現代心理學教養誘惑父母採取一種高參與度的教養方式。今天的父母相信，在孩子生活中參與度愈高的父母就是愈好的父母。當面臨我上面所描述的那些課題時，今天的大多數父母可能會：

- **替孩子出征**：有個孩子回家抱怨老師不喜歡她，她的父母就到學校去找老師，控訴老師讓他們的孩子經歷到「負面的求學經驗」。這位老師嘗試為自己辯護，但怎樣說他們都不理會，甚至拒絕聽她解釋。她嘗試說明這孩子在班上出現行為問題，但他們一概否認。
- **幫孩子收拾爛攤子**：有個孩子沒有用功準備一項重要的考試，儘管他明知，只有考試過關的人才能參加即將來臨的單天校外旅行。這個孩子沒有通過考試，他的父母卻到學校去向校長抱怨，不讓他們的孩子參加旅行是「不公平的」，將會損及他的自尊。他們甚至暗示，如果校長堅持他的立場，他們可能就得「法庭見」了。

●**幫孩子完成事情**：一名青少年想要在即將來臨的科展競賽中贏得獎項，他向他的父親——一位物理學家——求助。他的父親最後幫他設計並完成了科學研究計畫，而這個青少年只是輕鬆地袖手旁觀。這位父親並沒有想到自己正在提供孩子不公平的優勢，在他的想法中，他的參與正好證明他是多麼想要盡其所能地當個最好的父親。

●**替孩子承擔後果**：一個十歲大的孩子將新腳踏車借給另一個孩子騎一天。那個孩子把腳踏車停在一個公共場所，結果被偷了。這個十歲孩子的父母馬上打電話給另個孩子的父母，要他們賠償腳踏車的錢。當對方只答應付一半的錢時，十歲孩子的父母十分氣憤，掛斷電話後就立刻出門，買給這孩子一輛更好的腳踏車。

今天只養了兩個孩子的父母，壓力比五十年前養五個孩子的父母大得多，何以哉？以前的父母幾乎感覺不到有什麼壓力，何以哉？很大一部分原因在於，父母愈是感到自己必須**參與**孩子們的生活，他們的壓力就會愈大。就是這麼簡單。

「直升機父母」無處不在

一九八〇年代，我開始在我的報紙專欄裡，使用「直升機父母」這個詞來形容那些盤旋在孩子身旁、無微不至地管理他們生活中各個細節的父母。這些父母幫孩子做家庭作業、經營他們的社交生活、安排休閒娛樂；每當他們的孩子遇到任何問題，這些父母總會幫他們應付一切。而一旦成了直升機父母，就永遠得當直升機父母。二〇〇六年十一月，美聯社發佈了下列這條誇張的短訊：

直升機父母衝擊就業市場

大學入學顧問及生活輔導人員已開始研發對策，以便應付「直升機父母」；這是一些過度參與孩子生活的父母，他們盤旋在這些年輕大人四周，安排他們的班級、擺平同學間的爭執等。雇主說，現在這些「直升機」也現身在就業博覽會上，甚至和他們的孩子一起參加面試。在有些極端的案例中，徵才人員表示，有的父母們甚至自己前往就業博覽會，他們和可能成爲孩子雇主的對象面談，甚至在面試後打電話詢問，爲何他的兒子或女兒沒得到一份特別的工作。這些父母說，他們擔憂孩子的工作動機和能力，因此試著幫他們搞定他們的第一份工作[2]。

沒有一個和我同輩的人會有個像這樣的「直升機父母」。至少，我從來沒聽過和我同年紀的人描述出這樣的直升機父母，事實上根本相差甚遠。在當時，如果形容人有個「過度保護」的父母，意思是說父母會檢查你是否完成家庭作業（但不會核對你的家庭功課），或是不准你騎腳踏車到離家超過一哩的地方。相較於陪一個已經成人的孩子去參加他的第一個工作面試，這實在是不算什麼。

差別在於，傳統的教養典範鼓勵父母將參與度降至最低。回頭思考，我了解到身為孩子，我的工作就是努力阻止我的父母參與我的生活。而「搞定自己的事」就是我的做法。如果我在學校聽話、乖乖做作業、凡事盡全力，父母就**不會**插手我的學校生活。而如果我在社區中表現良好、做大人們交代我該做的事、用尊敬的態度對待他們，那麼我的父母也**不會**插手我的戶外生活。這實在太棒了，對他們和對我來說都是！只要做好該做的事，我就可以享受無比的自由。而我愈能夠享受自由，我的父母也愈能享受自由。透過這樣的方式，低參與度的教養典範讓父母與子女雙方都能互蒙其利。

而新的、高參與度的教養典範，則意味著孩子極少從父母那裡得到自由，而父母也很難擺脫掉他們自認對子女應盡的責任義務。在這樣的設定下，孩子變得依賴父母的參與，父母也開始用孩子的成就來衡量自己是否成功扮演父母角色。一般來說，現在的父母都高度參與子女的家庭作業，這就是個最好的例子。父母對家庭作業的參與度愈高：

一、他們就會愈重視孩子的成績，拿孩子的成績來衡量自己的參與是否成功。

二、孩子就會愈相信，沒有父母的幫助他就不可能在學校有好的表現，於是他變得更依賴父母的參與。

三、父母參與度愈高、孩子愈依賴；孩子表現得愈無助，父母愈相信自己的參與對於孩子的「成功」是不可或缺的。

這樣的情況會一再發生，不但描繪了今天許多父母的處境，也說明了「共同依存性」（codependency）。共同依存的關係是種成癮的關係，會像流沙般將人們吞沒，讓人們受困其中，無路可出。上面引述的美聯社短訊已經證實，父母與子女間的共同依存關係已迅速成為一種通病。這是個糟糕的現象，不只對子女有不良影響，更對父母及他們的婚姻，對學校、社區和文化產生不良影響。父母─子女的共同依存關係，已嚴重危及國家的未來前景。

我們需要的，是當務之急的另一場教養革命。實際上，我們需要的是一場復古的教養革命，讓事物恢復過去——也不過就是不久以前——的秩序。如果我們容許這個新的心理學教養典範繼續惡化，就會製造出愈多的問題，所有相關者均無法置身事外，而就愈難實現這場革命。

你樂意並準備好參與這場革命了嗎？

團體討論或個人反省的問題

一、以十個人爲一組進行討論，分別就你每個孩子的下列三項特質給予評價：尊重權威、願意承擔責任、應變能力。你可以做什麼來增進孩子在這些方面的評價？當你還是個孩子的時候，你的父母可能會怎麼評價你？請列出五個你和父母的教養風格間存在的根本差異。

二、你花在教孩子懂禮貌的時間精力，像花在確保他們的技能達到一定水準時一樣嗎？你的孩子缺乏什麼樣的基本禮貌？是什麼阻礙了孩子的禮貌教育？

三、你家裡的每個孩子都是良好的公民嗎？請針對你每個三歲以上的孩子，列出一張他們可以做的家事清單，這些家事，必須是只要稍加訓練就能做得不錯的。在孩子眞正在做的家事旁打勾做記號。如果所有的家事都沒被打勾，是什麼阻礙了孩子的公民教育？

四、如果你的孩子沒有參加任何課後活動，你們會多出多少時間從事眞正的家庭活動，像是到戶外走走、參觀博物館、野餐、玩大富翁等？是什麼原因阻止你們減少孩子花在課後活動的時間，例如把時間減半，然後利用這些時間培養家庭關係？

五、你最近有替孩子吵架、收拾爛攤子、完成事情、承擔後果嗎？想像一下，如果你不這麼做，會發生什麼事？如果你不再幫你的孩子解決問題，他們將會學到什麼？如果你選擇放手，最後得到的好處能夠超越壞處嗎？

六、誰比較容易受到同儕壓力影響，是你，還是你的孩子？

註釋：

1 我使用「誘惑」這個字眼，是為了表明今天的家長有各式各樣的理由可以認為，盡一切可能地確保孩子擁有高自尊才是唯一好的教養方式。我的妻子和我也曾沉迷於後現代心理學式教養，在開始當父母的前九年，都被它的誘惑力所支配。所以我太了解它對家庭造成的嚴重後果了。美國家長們必須讓自己從這個新典範中解放出來，而我認為，我們在《聖經》中所找到的唯一真實、無欺的真理才能讓人解放。而在人們將自己從監獄中釋放之前，他必須了解這座監獄的「佈局陳設」。這就是我在本章和前一章的目的，即描繪後現代心理學式教養這座監獄，它的外觀與氣氛，以便讓父母們能夠找到出路。

2 “Helicopter Parents Hit the Job Market”（AP November 7, 2006）.（本文不再提供線上閱讀，不過二手引用可參見 Bob Goldman, “Work Daze,” http://funnybusiness.com/2006_03_01_archive.html.）

第四章

教養的巴別塔

這座城叫做巴別；因爲上主在那地方攪亂了人類的語言，把他們分散到世界各地。

——〈創世紀〉第十一章第九節

二〇〇七年五月八日，亞馬遜網站上共列出四萬九千三百一十四本以「教養」為標題的書籍。提醒你，這指的是當時仍**持續印行**中的教養書籍數目，不包括一九六〇年代期間、之後出版過的，成千上萬已絕版的教養書。如果把這四萬九千三百一十四本書全部疊成一堆，假設一本書的平均厚度為一吋，疊起來的書堆將會高達四千一百〇九呎！相當於三座芝加哥希爾斯大廈——全美最高的一千四百五十呎建築——的高度，也比兩座在紐約世貿中心舊址興建的自由大廈加起來還高（自由大廈在本書寫作期間仍在興建當中，預計高度含螺旋塔為一千七百七十六呎）。而被我稱為「教養的巴別塔」的這座想像書堆[1]，是從一九六〇年代起開始興建的，從那時起，美國父母們就開始活在它支配的陰影之下。

如果教養書籍的數目還不足以讓你吃驚，或許教養課題的範圍可以。在一般大型書店的兒童教養書區，你可以找到教你如何扶養各種你想像得到的「類型」孩子的書籍：領養的孩子、難纏的孩子、躁鬱的孩子、焦慮的孩子、長子、次子、么兒、獨生子、害羞的孩子、神童（通常賣光了），以及患染注意力缺乏症（簡稱ＡＤＤ）、對立性反抗疾患（簡稱ＯＤＤ）或強迫症（ＯＣＤ）的孩子等等，不勝枚舉。心理健康專家的興趣就是讓養兒育女變得愈複雜愈好，他們製造出一個印象，讓人們以為要正確地扶養小孩，就要先知道自己的孩子屬於哪一種「類型」。如果父母無法判斷孩子的類型，那麼心理健康專家很樂意幫忙。

「個體差異」規定教養方式

老祖母知道，每個孩子某種程度上都是獨一無二的；但她也明白，每個孩子之間的「相似性」遠大於他們的差異。從一出生，每個孩子就帶著同樣的本質來到這世上，只有那個孩子（耶穌）除外；也**只有**這個本質，才能夠規定應該如何扶養孩子（帶有嚴重身心障礙的孩子是例外，但不包括注意力缺乏症或學習障礙之類的毛病）。

但「教養的巴別塔」中所傳來的吵雜噪音，卻讓今天的父母們相信「個體差異」規定了教養方式，每一類的小孩都需要用十分獨特的、量身訂做的方式來教養才行。比方說，這讓領養孩子的父母認為他們不只得精通「領養孩子的教養」，而且除了其他同樣領養孩子的父母之外，沒有人可以了解孩子的需求與如何滿足這些需求。

這樣的個體差異令人產生壓力，而這股走向個體差異的趨勢，卻得到許多家長互助團體的進一步確認，家長互助團體如雨後春筍般出現，擁有某類孩子的父母可以在這裡團結起來，彼此安慰、鼓勵和支持。

在每個地方、每個時代，《聖經》始終是人們的適當指引。當我們使用同一種語言的祖先開始建立巴別塔時，上帝為懲罰他們的狂妄放肆而紊亂他們的語言，使他們再也無法有效率地彼此了解與溝通：

起初天下的人只有一種語言，使用一種話。他們在東方一帶流浪的時候來到巴比倫平原，在那裡定居。……他們說：「來吧！我們來建造一座城，城裡要有塔，高入雲霄，好來顯揚我們自己的名，免得我們被分散到世界各地。」於是，上主下來，要看看這群人建造的城和塔。祂說：「他們是同一個民族，講同一種話；但這只是一個開始，以後他們可以爲所欲爲了。來吧！我們下去攪亂他們的語言，使他們彼此無法溝通。」……因此這座城叫做巴別；因爲上主在那地方攪亂了人類的語言，把他們分散到世界各地。（〈創世紀〉第十一章第一至二節、第四至七節、第九節）

同樣地，曾經在美國，就在不久之前，當時關於養兒育女這件事，人們還「說」著同一種「語言」。當說到孩子時，父母、祖父母、老師、街坊鄰居、店老闆的看法都是一樣的。每個人的說法也都是同一套。但隨著教養的巴別塔日漸聳入雲霄，這種文化共識也慢慢被動搖；這座巴別塔，遮蔽了《聖經》的智慧之光與真理。曾經養兒育女只有一套標準可循，但現在卻是數十套，每一套應付一種個體差異的課題。

今天的孩子幾乎很少被當成只是個孩子，人們透過想像中的獨特需求來看待他們；

對於子女教養新辭彙的運用，就是這種新病態的一個症狀。舉個例子，孩子被診斷出罹患注意力不足過動症的父母會說：「我的孩子**是個**注意力缺乏症。」好像光這個特質就可以定義這個孩子一樣。孩子不再是孩子了，他成為一種病。一個被診斷出罹患癌症的人，我們不會說「他**是**癌症。」而和注意力時間短於平均值這件事相較，我們更該學習如何對待一個癌症病人。

問道於盲

今天的我們，甚至很難找到一對在子女教養方面有同樣看法的父母，要在家長和老師、父母和祖父母或父母與鄰居之間找到共同點，就更是難上加難了。

在今天的家庭裡，子女教養的課題比起任何其他單一議題，更容易讓一對父母發生口角。五十年前，如果一個老師打電話向家長報告孩子行為不檢，家長會感謝老師告知這件事，並懲罰那個孩子；但在今天，如果有個老師抱著戒慎恐懼的心情打了這通電話，父母很有可能會聽信孩子的辯解，甚至反而怪罪老師。成人之間對子女教養的普遍共識已經瓦解，如果有個詞可以形容現今美國的子女教養現況，那個詞正是〈創世紀〉第十一章的**困惑**（譯註：confused，台灣《聖經》公會現中修訂版譯為「攪亂」，其他版本或譯「變亂」，均為使其產生困惑不解之意）。諷刺的是，今天的父母愈是對養兒育女之道備感困惑，就愈是會向教養的巴別塔尋求解答，而不明白那正是困惑的來源。於是，他們變得更加困惑了。

困惑帶來焦慮和壓力，今天的父母確實對幾乎**每件事情**都感到困惑、焦慮而且緊張兮兮。他們困惑、焦慮、緊張著何時該訓練孩子上廁所、怎麼訓練才對；煩惱孩子發脾氣時該如何處理、怎麼讓孩子上床睡覺、何時睡覺，甚至睡哪裡；煩惱能給孩子什麼懲罰、何時懲罰及該如何懲罰；煩惱該給孩子吃什麼，什麼時候吃、在哪裡吃才好；煩惱該對孩子抱持多高的期望；煩惱怎麼和孩子說話，什麼時候該說不、該怎麼說不；煩惱該買什麼、不該買什麼給孩子；煩惱該讓孩子看什麼電視節目；煩惱該不該讓正處於青少年期的孩子擁有上網的密碼；煩惱如果發現他們喝酒或嗑藥，到底怎麼辦才好——我說過，他們煩惱**每件事**。

老祖母就不會對這裡的任何一件事感到困惑、焦慮、緊張，當面對這些課題時，她不會有任何的困擾。老祖母會向《聖經》和她的長輩們尋求（而這些長輩們也向同一個來源尋求）子女教養上的建議，所以她知道該把每個小孩帶到哪裡，也知道如何順利達成這個目標。《聖經》，上帝的話語，從不使人困惑。

是人們自己把自己弄糊塗了，而這大多是由於他們背離了上帝，開始以為人類能夠無所不知，認為「人是萬物的尺度」[2]。今天的父母，由於崇拜人所建的教養巴別塔、由於（經常是不自覺地）偏離上帝簡潔的訓示，因此不清楚自己的目標在哪裡。但是，說「目標本身就不太清楚」也同樣有理，今天的教養目標的確模糊不清。於是，現在有太多的父母真的不知道要如何帶領孩子，只好笨手笨腳地邊走邊摸索。

「胡說八道教養」

老祖母主要關切的是孩子的**行為**，因為《聖經》教她這麼做。在她的觀念裡，孩子的行為是人格的表現。當出現行為不檢時，就表示孩子的人格教育不夠完整，更糟的情況甚至是缺乏人格教育。

> 兒童的品格是否良善，從他的行為可以看出。
>
> ——〈箴言〉第二十章第十一節

由於行為是可驗證的，也由於老祖母那一代的大人們對於子女教養都抱持同一套看法，因此身為孩子的各個權威人物均能彼此信任、彼此支持。所以，當某個老師或鄰居打電話向父母報告孩子的行為不端時，父母們會預設他們的說法是可靠的，他們會在家裡懲罰這個孩子。在很多情形下，父母們甚至不允許孩子「幫自己說話」（孩子可能會做出狡猾的不實陳述）。一個有責任感的成人會將孩子的行為報告家長，就這麼簡單。

當心理學對兒童的看法取代《聖經》觀點時，這個共識也開始瓦解了。做為心理學的主要思想，心理學觀點提議以孩子的**感受**為標準來引導成人的行為。實際上，這意味著當孩子不喜歡某件事時，大人就不該去做，反之亦然。在《父母效能訓練》一書中，心理學家、後現代心理學式教養的締造者湯瑪士．戈登曾寫到，父母不該限制孩子，因為：「孩子討厭遭到拒絕、限制或是禁止。」[3]在同一本書的其他地方，他又提到：「對待孩子要像對待朋友或伴侶一樣……這會讓孩子們覺得很棒，因為他們喜歡被信任、喜歡受到同等地位的待遇。」[4]如果不是有這麼多人如此認真看待，這種以孩子為中心、小心翼翼的討好實在是可笑極了。

後現代心理學式教養主張，導致出現孩子行為偏差的背後原因與推動力，比行為本身更重要。我的研究所教授不斷灌輸我的觀念是，孩子的行為之所以會出軌，不過是潛在情緒困擾的徵候罷了，表示這孩子正在對抗讓他無法表現良好的「課題」或「衝突」（請注意，這預設了這孩子是沒有自由意志的；他是片葉子，在他無法控制的心理掙扎中隨波逐流）。因此，懲罰孩子的不良行為可能會讓孩子出於恐懼而壓抑他的不良行為，但**真正的**問題卻在孩子的內心形成爛瘡。時間一久，孩子的問題就會變得更加惡化。以下是個例子：

有個五歲大的孩子經常欺負他兩歲大的弟弟，他的行為其實是要試著告訴他的父母，他很生氣在還沒完全滿足自己的安全感前，他們就有了另一個孩子。他並不是真的要傷害他的弟弟，只是因為無法用言語告訴父母自己的煩惱，所以才這麼做。而且他也害怕，如果自己向父母直接表達憤怒，他們會拒絕他，因此他的表達方式就是絆倒弟弟、打他、捏他、搶走他的東西。如果他的父母因此而懲罰他，他會停止這些殘酷的行為，但是他的不安全感及對父母的怒意，卻只會愈來愈明顯。事實上，如果他的父母壓抑這些他藉以發洩怒氣的殘酷行為，那麼這個心理問題形成的壓力只會累積在他內心，最後可能以更糟的方式表達出來，例如縱火。

我在研究所裡面學到的，就是高談闊論這類偽裝成知識的胡說八道。請注意，上述例子中所謂**真正的**問題，事實上完全只是個理論而已。行為理論一點也不真實，只是推論，儘管這些推論或許在理論上令人留下深刻印象，卻完全無法證實它們正確與否。行為則是真實的，行為可被客觀地驗證。關於以上的例子，下面這些陳述才是**真實的**：

- 一個五歲大的男孩正在欺負他兩歲大的弟弟，要讓他心生畏懼。
- 他故意去欺負他弟弟。
- 他知道他把他弟弟弄痛了。

●當哥哥攻擊他時，這個兩歲大的孩子無法防衛自己。

這些陳述是可以驗證的，我們也可以同意。但針對那些從行為推斷、並因而成為心理課題的理論性心理動機，達成共識的可能性卻小多了。就算是兩個心理學家，也不見得有共識。一個心理學家可能會說，這個五歲大的孩子正在用行為表達對父母的怒氣；但另一個人可能會說，這孩子並不是真的在生氣，只是患了童年期躁鬱症，所以他只能表現得**好像**在生氣，但生理失衡才是真正的問題；第三個心理學家則可能說，哥哥不知道他把弟弟弄痛了，其實他正試著表達對弟弟的愛，但因為他將父母的態度詮釋為不贊成，所以變得焦慮起來，讓他表達情感時顯得笨手笨腳（因此，求診過心理學家的父母們向我徵詢第二種意見時，我總是回答：「我至少可以給你十個意見，但一個也別信。」這就是原因所在）。

心理學式思維

不幸的是，今天有太多父母正在重蹈我讀研究所時的覆轍。他們用我所謂的「心理學式思維」來理解自己孩子的問題行為。今天的父母，已經不再把既定問題行為單純地看成必須透過適當的管教而糾正的錯誤，他們**詮釋**這個行為。他們會問：「這個行為的

意義是什麼？」並賦予它某種心理學的意涵。問題行為於是從具體事件轉變為抽象的概念，將某種想像中的象徵意涵具體化，於是行為被籠罩上一層神秘的氣氛。

我曾在美國的某地演講，開講前有位母親要求與我談談，她讓我想起了今天父母的這種心理學式思維傾向。那位母親以十分憂慮的語氣告訴我，她認為她七歲大的兒子有憂鬱症，想知道我是不是可以推薦她哪位專家。她跟我說，她的兒子「對每件事的看法都一直很負面」。比方說，當她為他做早餐時，他會綳著一張臉抱怨她做的東西很難吃。而我要求她再多提供些其他方面的事。

「嗅，好吧，」她回答，「他抱怨每件事情，我們選的餐廳、我們買給他的衣服、我們的鄰居、他的老師，每件事他都不滿。他從來沒有快樂或滿足過。」

我跟她說，她形容的不是憂鬱症，而是十分粗野無禮、自我中心的行為，這些行為就像花園裡的雜草般，是必須馬上剷除的劣根性，父母得重新、有耐性地將禮貌和對他人的尊重，灌輸到這孩子心中才行。我不認為他需要心理治療師，而是老套但十分管用的管教方式。我繼續給了她一些建議，告訴她該怎麼做，才能將這些劣根性斬草除根，希望她接下來會照做。

但在這位母親剷除孩子的劣根性前，她自己對孩子問題行為的思維過程也充滿了雜草，得先清理乾淨才行。因為從這種思維方式出發，她是用心理學的濾鏡來看待孩子，而這只會使她看不清孩子行為的真相。最後她變得困惑、焦慮並且受到罪惡感的折磨（她害怕是自己讓孩子罹患憂鬱症，就算不是全部，最少也是部分原因）。而且她也無法採取任何行動，因為她會擔憂，自己做的任何事都可能會降低這位粗野的國王陛下的自尊。

我在美國明尼蘇達州杜魯市的一場演講結束後，曾有位母親詢問，我是否能讓她了解為何她八歲的兒子老是打她。

我反問：「妳覺得這需要解釋嗎？」她回答道：「這個嘛……我的意思是，我得了解他為什麼這麼生我的氣，不是嗎？」

大錯特錯。她需要的是**採取行動**，而不是了解。這位母親唯一需要了解的一件事情，就是當她嘗試去了解兒子的打人行為背後的心態時，就是在把孩子的責任轉嫁到自己身上。

「一個打自己母親的八歲男孩」只說明一件事：這個孩子的行為簡直無法無天，必須好好管教才行。而「一個因生母親的氣而打她的八歲男孩」說明的則是**母親**需要被管教，因為她做了不該做的事，才會惹得兒子生氣。這個心理學解釋也將男孩對母親的攻擊行為正當化。他打她，因為他不知道怎麼用其他方式告訴母親他很生氣。突然間，打人的兒子成了受害者，而被打的母親則是罪有應得。真是讓人抓狂！

不幸的是，今天的心理學思惟方式就是這麼瘋狂。每一次——不是有時候，而是每一次——當父母將孩子的問題行為歸因給這類理論性的心理動機時，都會出現幾個無可避免的後果：

一、孩子不再對自己的所作所為負起責任。該負責任的是父親、母親、父母雙方、其他人、事、物，包括老師、同儕團體，或者孩子生命中發生的某個事件（例如父母離婚、深愛的祖父母過世）。而通常該負責任的總是孩子的父母，至少父母會這麼想。而通常最後又總是孩子的母親會充滿罪惡感地認為，如果她不是唯一該負責任的人，至少也是最該負責任的一位[5]。

二、孩子從犯錯者變成了受害者，而他無法掌控這一切。因此他有得到同情——而不是管教——的正當理由。

三、孩子的行為被討論中的事件給正當化了。突然間，他做壞事是無辜的，因為他不是故意做壞事，是心理力量驅使他做出這樣的行為，而這股力量是他沒有能力理解或應付的。

四、父母的管教能力陷入了癱瘓狀態。身為父母，怎麼能夠因為孩子做了無法控制的事而懲罰他呢？

五、因為父母無法懲罰這個孩子，於是他們也不自覺地參與並授權了這孩子的反社會行為。因此這孩子的行為只會每況愈下，而這部一再重演的戲碼總是非得拜訪心理健康專家、得出診斷、吃藥及長期（意思是昂貴的）心理治療才行。

正如我說過的，這麼做是瘋狂、愚蠢、詭異的，簡直是鬧劇一場。諷刺的是，會上演這齣瘋狂、愚蠢又詭異的鬧劇，是因為心理學從一九六〇年代開始成為美國子女教養的權威典範。而甚至更諷刺的是，因為心理學成功地讓美國父母在子女的問題行為上，陷入瘋狂、愚蠢、詭異、胡鬧的思惟中，心理學家們才能輕易大撈一筆。

在滔滔不絕的心理學術語中溺斃

教養的巴別塔所帶來的混亂與困惑入侵了家庭的核心，而這和男性與女性之間的根本差異有關：女性較情緒化、敏感；男人顯然不是。這個通則當然存在著例外，不過還是個通則。而由於後現代心理學式教養強調理解，以及根據孩子的感受來調整父母的行為，因此新的教養書讓女性產生共鳴，而男人發現自己很難找到認同感。女性閱讀這些新教養書籍時，覺得深得我心，但男人（當他們被太太強迫閱讀時）卻是滿腹疑問。

舉例而言，男人不懂為什麼他們不該對孩子嚴格，為什麼他們反而要向孩子解釋、講道理和妥協。男人也納悶，為什麼當孩子不乖時，他們不能簡單地處罰他們就好。畢竟他們也被自己的父親處罰過，現在照樣好好的。而男人在掌握這套後現代心理學式教養時所遇到的困難，全逃不過妻子們的法眼，於是女性提防著丈夫參與子女教養過程，這是在任何文化中頭一次發生的情形。這種唯恐丈夫插手的心態，又受到新女性主義宣傳的影響而惡化——即男人是天生的侵略者，為了保有優勢，於是用身體來恫嚇及虐待女性和孩童。

無微不至的現代母親

於是，母親開始覺得教養孩子的任務完全落到自己的肩頭上。她們開始認為孩子的未來是否美好，完全是**自己**的責任——如果教養要得到正面成果，都得靠**自己**的努力、**自己**的精力、**自己**的投入、**自己**的犧牲奉獻——這個教養工作的新觀點，就是盡可能確保不要傷害到孩子的感受，而如果不幸發生時，則盡可能讓事情回歸正軌。

由於子女的教養責任全落到美國母親的肩上，她們開始執著於細節，而愈是執著於細節，責任感就愈重，責任感愈重便愈是執著細節，如此循環不已。執著總是伴隨著憂慮及罪惡感，正是事情演變後的狀況。女性有史以來，開始覺得子女教養這塊領地上佈滿心理學地雷，只要自己應付不當便可能隨時引爆，並造成難以彌補的傷害。

執著細節的憂慮母親開始無微不至地照料孩子，她們無所不管、事必躬親的作為包括了：一刻不離地繞著子女打轉、四處檢查、做這做那、凡事都要確定好才行、什麼忙都要幫、老是在為子女安排一切。同時也開始警戒提防任何和孩子有關的人，包括她們的丈夫，只為了確保這些人做的事是「對的」。

容我提醒你，在一九六〇年代前的傳統家庭裡，母親是「站在第一線的父母」，但她們並不認為子女教養是自己的專屬領域或責任。這個責任是由她們和丈夫一起承擔的。也就是說，母親通常都會向自己的丈夫徵求大多數子女教養的意見。

對照之下，現在的母親極少為了這類決定而詢問丈夫。她們只會做了決定後再告知，而且還不一定告知。事實上，許多現代家庭裡都有個不明說的默契，只要關於孩子的事，父親幾乎是沒有決定權的。母親可以做決定而不需要找丈夫商量，但父親可就不被允許這麼做了——在這樣的情形下，決定權變成完全在母親手上。僅僅五十年內，子女教養就從「爸爸最懂」變成了「爸爸最遜」。

父親的地位每況愈下

典型的現代父親，在子女教養上的地位是很邊緣的。他幾乎沒有決定權，甚至連管教子女的權力也快消失了。由於他的妻子成天繞著孩子轉，忙著伺候每件雞毛蒜皮的小事，做父親的只得站在一邊看，等著聽命行事。他其實是妻子的「教養助理」，功能有如老師在教室裡的教學助理。教學助理並不真懂得上課，父親也是，所以他扮演的角色就該跟教學助理一樣，只是等著協助扮演「真正的」父母角色的人，當她需要休息時暫代一下而已。然而即便如此，母親還是不信任父親的做法。所以得列張清單，一一教他照做才行。

當被問到有幾個孩子時，今天的母親總是把自己的丈夫也算進去。人們以為這是件有趣的事，但其實一點也不有趣。這件事悲傷地點出了一個事實：在過去五十年來，父親的地位已大幅式微了。在今天的家庭裡，丈夫聽從妻子發號施令，好像他自己也是個孩子，所以也需要人來監督一樣。

諷刺的是，許多父親對於自己地位的式微，也表現出自願配合的態度。這現象從一件事情上可以看得出來：現在有許多父親，下班回家時想的都是要跟孩子玩。當我問一位父親這樣做的原因時，他們總是回答我：「我一整天都沒看見孩子們。」確實如此，但那又如何？這個男人也一樣一整天沒見著他的妻子，但他卻覺得和孩子玩，比花時間經營和妻子的親密關係更重要。這件事強烈地指出，美國的父親和孩子間維持同儕關係的情形已太過普遍。的確，孩子的最佳夥伴已成為美國人對父親角色的新理想定位。不幸的是，這或許是爹地能在孩子生活中扮演的角色中，唯一一個不會被責備的角色了。

大衛．布蘭肯宏（David Blankenhorn）在《無父的美國》（*Fatherless America*）一書中曾說，美國父親正緩慢地邁向「女性化」（feminized），他們不再示範傳統的男性美德，而表現得愈來愈像是孩子的第二個媽。美國父親曾經是發動管教的人，如今卻成了膽小鬼；他跟他的妻子一樣，關心孩子的情緒甚於他們的行為。十年前，大部分的父親都會因為妻子對管教課題抱持過度謹慎的態度而感到沮喪；但在今天，夫妻雙方對孩子的管教可能採取同樣的柔性立場，他們會做兩件老祖母絕對不做的事：

一、**用談話方式讓孩子的行為回歸正軌**。我把這稱為「胡說八道教養」，通常是針對問題行為所進行的毫無建設性談話，目的在幫助孩子了解為何不該做那樣的事，並提出下次如何表現得更好。孩子在這些治療性談話中要表現出配合的態度，在父母問「你聽懂了嗎？」時點頭。

二、**用不傷感情的方式進行管教**。當老祖母管教子女時，她會設法傷害子女的感受，會設法讓孩子感到罪惡。老祖母知道，除非問題行為與情感傷痛的經驗連結在一起，否則問題行為不會終止。但在老祖母的時代，問題行為不是個心理現象；它是種罪過，而當事關罪過時，人們可承擔不起時間的浪費。

十年前，人們經常發現媽咪在丈夫管教孩子時介入干預，唯恐如果放手讓丈夫管教，就會造成孩子心靈的恐懼。諷刺的是，現在我聽到愈來愈多的女性抱怨，當她們管教子女時丈夫經常在旁阻攔。我懷疑這是因為有愈來愈多的父親與孩子間形成夥伴關係，結果造成他們擔心自己在孩子心目中的形象受損。今天的父親已經（或者說似乎）放棄了嚴父角色必須面對的挑戰——無論如何，夫妻間擁有一致的管教原則曾經是理所當然的，如今已被角色的混亂與困惑取代。

而教養的巴別塔還在喋喋不休。

團體討論或個人反省的問題

一、你傾向以「個體差異」的眼光看待自己的孩子，並主要根據這個原則來回應他們嗎？如果你用另一種角度來看待你的孩子，將他們當成普通孩子，從一出生就帶著容易犯錯、叛逆、自我中心的同樣特質來到這世上，你的教養方式會有所改變嗎？（記住這個特質在每個孩子身上（**性格**）都有不同的呈現，但仍是同一個特質。）

二、當老師、鄰居或朋友告訴你，你的某個孩子出現不良行爲時，你傾向接受他們的說法還是辯護？如果答案是後者，你的「教養觀念」是如何讓你覺得要辯護，如何判斷孩子的所做所爲是對是錯？你可以做些什麼，來削弱這種自己等同孩子的觀念？

三、你如何用心理學式的思維方式來詮釋你某個孩子的問題行爲，請舉例說明。這樣的思考過程如何影響你的管教能力？你是否會爲孩子的行爲找藉口？你是否部分或全部地將孩子行爲的責任怪罪到其他人身上？如果你活在一百年前，當時父母們還沒開始將孩子的問題行爲歸結到心理因素時，那麼你會怎麼做？你的管教方式會更有效力嗎？

四、你和你的配偶對於孩子的事情看法一致嗎？你們對孩子的期望是一樣的嗎？你們給孩子們相同的訊息——尤其是事關不良行爲時——是一致的嗎？如果答案是否定的，而假設情況是這樣：你們其中一方對孩子採取的是「心理學觀點」，另一方則否；你們其中一方關心孩子的感受更甚於他的行爲，另一方則否。如果你們之中沒有人擁抱心理學觀點，如果你們兩位唯一關注的是孩子的**行為**，這會對孩子造成什麼影響？這會對他們有好處，還是會造成某種傷害？

五、你和你的孩子之間已經形成類似友誼的關係了嗎？你關心自己是否持續得到孩子的認同嗎？如果答案是肯定的，這對於你矯正孩子不良行爲的能力有何影響？你的父母和你像朋友一樣嗎？如果答案是否定的，你始終確信父母是愛你的嗎？是什麼樣的社會力量，促使你想要成爲像孩子朋友一樣的父母？

註釋：

1 the Tower of Parent-Babble，babble 意指嬰兒的牙牙學語，也有喋喋不休、胡言亂語的意思。Babble 又和《聖經》中的巴別城（Babel）諧音，作者在此玩了一個文字遊戲，既指涉由心理學術語堆砌而成的教養理論形同巴別塔，也表示這座「教養的巴別塔」是由喋喋不休的胡言亂語堆砌而成。

2 普羅泰戈拉（Protagoras，西元前四八一年~四一一年）是個希臘哲學家，有時也被稱作第一個人文主義者，因為他將人放在認知的中心。

3 *Parent Effectiveness Training*（Wyden, 1970）, 27.

4 同前引書，第二百一十三頁。

5 許多世俗世界的人都把《聖經》與罪惡感連在一起，但儘管有些教派提倡錯誤的教條，造成信徒內心的罪惡感，《聖經》卻並非罪惡感的來源。完全相反，《聖經》是對罪惡感的撫慰、承諾與救贖。在後現代的美國，心理學的新世俗宗教才是罪惡感的主要來源。正如老祖母常說的：「這不是太離奇了嗎？」

後現代心理學式教養造成的病情，尚未到達沉痾難起的地步。壞消息是，美國無法在一夜之間就從它所造成的衰弱不振中復原；好消息則是，不管是任何時候，只要父母們願意，就可以開始擺脫這種傳染病。這種病是系統性的，但要復原卻得一個個慢慢來才行。在第二部及第三部談教養的篇章中，就有治療的處方。

第五章

教養子女必須夫妻同心

因此，男人要離開自己的父母，跟他的妻子結合，兩個人成爲一體。

——〈創世紀〉第二章第二十四節

〈創世紀〉第二章第二十四節記錄，上帝在創造男人與女人之後便建立婚姻，做為家庭——子女教養單位的基礎。這是第一條家庭原則。在一對已婚夫婦開始生兒育女前，夫妻一體意味著他們必須為彼此奉獻、對彼此忠誠。當然了，這同時意味著性方面的合而為一，但也表示沒有其他的關係或任何類型的事業比彼此的關係要緊。

而在夫妻開始進入養兒育女階段後，對他們而言，成為一體就意味著——聽好了！——**沒有其他的關係或任何類型的事業比彼此的關係要緊**。換句話說，不管有沒有小孩，夫妻一體的意涵都是一樣的。一對夫妻，不應該也不必要把和子女間的關係放在他們彼此間的關係之前；不應該也不必要將父母（子女教養）責任放在婚姻事業之前。夫／妻角色必然勝於父／母角色。

牢牢記住這點，並將〈創世紀〉第二章第二十四節大聲唸過一遍後，我會要求研討班聽眾之中的父母們回答下面這個問題：「上個星期你與家人相處的所有時間裡，花在扮演父親或母親角色上的時間比例是多少？花在扮演丈夫或妻子角色上的時間比例又是多少？」

典型的分佈是父母角色佔百分之九十時間，配偶角色則相對佔百分之十時間，這是以孩子為核心之家庭的情況。而實際上來說，如果第一個數字大於百分之五十以上，這個家庭就是以孩子為核心。上面那個在研討班中提出的問題，正確答案是扮演夫妻角色應佔百分之六十以上，而扮演父母角色則應佔百分之四十以下。而且這還是孩子仍在嬰孩期才能有的比例，因為這時候孩子對父母的需求異常地高。理想的相對比例，應該是配偶角色佔百分之七十五，父母角色佔百分之二十五。而這個向另一個方向大幅傾斜的九十比十比例，表示的是典型的美國婚姻正逐漸（如果不是已經）迷失在狂熱、持久的子女教養探戈舞曲中。這並不是上帝所擬定的道路。

重申我在第一章中曾說過的，**如果你生活的任何部分背離了上帝所指示的道路，你就會遇到更多（而且更嚴重）的問題**。而我們在談的，正是上帝給已婚夫妻唯一的、而且是最重要的指示！但美國人卻幾乎是全體違反了這個指示，光只這件事，就足以說明今天的父母們為什麼會遇到這麼多的子女教養難題。請記住，在後現代心理學式教養興起前，許多我們所談到的問題是相對上前所未聞的（例如學步期過後的易怒與反抗行為、打父母的孩子、對成人公然的無禮態度、青少年自殘行為）。

從婚姻裡學做父母

美國家庭在一九五〇及之前的年代之所以運作得不錯，有一個重要的——也許是主要的——原因，那就是大多數已婚並育有子女的人，**即便是那些不贊同《聖經》的人**，都抱持著婚姻第一、父母第二的態度。五十年前的母親是先當個好妻子，然後才是當個好母親。同樣地，五十年前的父親一樣是先當個好丈夫，其次才是當個好父親。一九六〇年代之前，丈夫下班回家是為了回到妻子身邊，而他的妻子從下午兩、三點起就開始為他的返家做準備了。她烹煮晚餐、把房子打理得整潔乾淨，甚至已經洗好澡，換下了做家事時穿的衣服，打扮得更「像個妻子的樣子」[1]。於是當她的丈夫回到家時，迎接他的不會是孩子的媽或家庭主婦，而是和他結婚的那個女人。

晚餐後，孩子負責把廚房和餐廳整理乾淨，而父母親則在這時候回到客廳，或許談談話，或許只是在一起放鬆心情。這個夜晚由全家人共享，不是以哪個人為中心。孩子們知道，他們做完家事就該開始忙自己的事情了，包括家庭作業（他們的父母並不插手）。

如此安排及理解家庭生活，所強調的是婚姻的優先地位。家中的兩位成人，扮演丈夫與妻子角色的時間遠多於扮演父母，所創造及維持的家庭乃是以婚姻為中心。此外，這個家庭的管理也是由婚姻來負責，它是整個家的司令部。儘管女性成人站在子女教養的第一線，但養兒育女是由婚姻來進行。上帝就是**這麼**規劃的。

夫妻雙方共同決定

先結婚再生兒育女，意味著丈夫與妻子在有關孩子的事情上一體同心。他們用同一套觀點來看待孩子，追隨同樣（由上帝所規劃）的子女教養之道，要達成同一組目標，共享同一套價值觀，當事關愛孩子、教育及管教孩子時，他們總是有默契地行動，就像兩個人是一體的。

我們可以說，子女教養方式符合這個描述的父母們是「從婚姻裡頭開始做父母」。是的，這個妻子也是位母親，但她是從「妻子」的角色中延伸出「母親」的角色，優先考量她和丈夫共享的婚姻。比如說，當孩子向她要求一件事，而她不確定丈夫的看法時，適當的回應是：「等爸爸回家了我會和他商量這件事。」如果孩子說必須馬上做決定，但爸爸回家時太晚了，媽咪的適當回應則是：「那答案就是不行。」（如果你覺得聽起來很奇怪的話，那是因為你的年紀還不到五十歲。我們那一代的孩子們，可是一天到晚從母親口中聽到這些話。）丈夫也一樣，當扮演父親角色時，他始終以他與妻子間的結合為優先考量。當這兩個人養育子女時，他們的重心主要放在彼此的身上。

在一個根據上帝的藍圖來運作的家庭裡頭，夫妻關係肯定比父子或母子關係活躍許多。丈夫與妻子涉入對方生命的程度，必然更勝於各自對於子女生命的參與。他們的生活一定是以他們的婚姻為核心，而不是圍著子女打轉。

人們有時會問我：「這樣孩子們不會覺得被忽略嗎？」我對這個問題的回答是：「沒錯，這真是可喜可賀！」

畢竟，沒有比父母婚姻岌岌可危更讓一個孩子沒有安全感的了。而根據同樣的邏輯，也沒有什麼事會比覺得父母的婚姻堅如磐石更能讓孩子有安全感。因此一對夫妻能夠給予孩子的最大禮物，就是創造一個夫妻關係緊密到讓孩子會被「忽略」的家庭；一個孩子不可能介入父母婚姻關係的家庭。丈夫與妻子必須在婚姻周圍劃下一道界限並嚴格執行，而孩子必須學會尊重這道界限。一來是說，孩子不能睡在父母的床上，即使是小嬰兒也一樣；二來也表示父母經常一起外出，不跟孩子一起。我甚至建議，如果找得到合適的照顧人選（也許是祖父母？），已婚夫妻們每年都該撇開小孩，度個一、兩次假。至少丈夫與妻子應該盡量花時間相處，而且不要有孩子在身邊。一起做「每一件事」的家庭，是不符合上帝的教誨的。

不消說，當人們從婚姻裡頭開始做父母時，整件事就會變得更有效率。兩個人商量總比一個人絞盡腦汁來得好。很自然地，當孩子不能佔據注意力中心時，他們就會更獨立，父母們就更不需要在子女身上費神。以婚姻為中心於是有助於創造出更和平的家庭生活，人們通常會發現，孩子們在這樣的家庭中會安靜地做自己的事，所有家庭成員的壓力程度相當低。最後一點也很重要：將注意力放在孩子身上會消耗能量，但當一對夫妻把注意力放在彼此身上時，能量會被創造出來！而這一切都會幫助人們擁有更愉快的育兒經驗！

直到孩子將我倆拆散

不幸的是，正如我在研討班中的練習結果所指出的，上面的描述只是例外，而非常態。人們早就發現，在大多數今天的雙親家庭中，丈夫與妻子的角色已經被父親與母親的角色給取代。有了子女以後，他們就不再專注於彼此，而是將注意力集中於教養孩子，讓孩子佔據了家庭生活的舞台中心。

現代夫妻們並沒有成為一體，他們沒有視夫妻間的關係為生活的核心，並持續維持，他們把全副心力都放在以孩子為重心的事情上，這表示：他們投注於孩子身上的注意力多過彼此，他們為孩子、和孩子們一起做的事，多過為彼此及一起做的事，撥給孩子的時間多於留給彼此，和孩子談話的時間過多，關心親子關係更甚於夫妻關係，總是根據孩子們的娛樂需求來計畫假期，而不是為了讓婚姻更有活力……。今天一個典型的父親下班回家時，他回到的是一個心思無時無刻繞著孩子打轉的女人身邊，而他回家的目的，也是為了陪伴自己的孩子。好像他們曾在婚禮那天許下一個秘密誓約：「我願你做我的丈夫／妻子，直到孩子將我倆拆散。」

這種徹底顛倒、錯亂的家庭情境，可能帶來的後果包括：

●**孩子會缺乏真正婚姻生活的良好示範**。所以當他們長大後，可能拒絕結婚（有愈來愈多的年輕人這麼做），流連於一段又一段的短暫交往，或是為了錯誤的理由進入婚姻（例如性、社會地位、經濟安全感、給孩子一個名份），因而可能造成失敗的下場。

●**會讓孩子形成應得權力的觀念**，這是從父母身上獲得不成比例的注意力和物質所造成的後果。他們會變得愈來愈苛求、無禮、任性，甚至連聽到自己必須分擔一點家事都會讓他們抓狂。當長大成人時，他們可能會對親密關係有同樣的期待。病徵之一，就是當許多最近離婚的年輕人被問到造成離婚的原因時，他們的回答相當自我中心：「他／她不合乎我的需求。」

●由於父母關心和孩子們建立關係更甚於帶領他們，**孩子沒有接受到足夠的管教**。行為問題於是產生，這些行為問題幾乎總是和下面三個英文以大寫字母D為首的字眼有關，分別是：不服從（disobedience）、分裂（disruptiveness）、無禮（disrespect）。然而這些父母們卻總是抱持著鴕鳥心態，也可以用另一個英文以大寫字母D為首的字眼來表示：否認（denial），他們甚至看不出自己的孩子缺乏管教。當其他的大人認為他們討厭極了，這些父母們仍覺得他們「只是孩子罷了」。

●**當長大成人離家獨立的正常時間到了，這些孩子卻不被允許離開**。原因很簡單，因為一個孩子沒辦法輕易從這個家庭宇宙的中心脫身。這個中心太舒服了，誰會想走？

而且生活在這種環境下的孩子知道，自從他有記憶以來，他就是讓父母聚在一起的黏著劑（以心理學的術語來說，就是所謂的「共同依存性」），他知道如果他離開了，他們可能會離婚。

確實，這些年來，已婚夫婦在最小的孩子離家後不久即離婚的風險是最高的。而正如我們都知道的，許多有小孩的夫妻甚至等不了那麼久。箇中原因很多，但肯定有個極大的原因是，其實這些夫妻早在開始有小孩後不久就不再繼續維持他們的婚姻了。原本的合為一體分裂成兩個個體。法律上的離婚不過是給這個存在已久的事實一個正式的形式罷了。這不悲哀嗎？而且多麼冤枉！在大多數的情況裡，只要人們首先根據上帝的藍圖來經營家庭生活及養兒育女，他們就會成功。

家庭第一

我經常被問到，〈創世紀〉第二章第二十四節是否適用於繼親家庭（stepfamily）和混合家庭。有沒有適用於不同家庭類型的不同規則？答案是沒有，而現在流行的相反觀念，則是教養的巴別塔製造困惑的又一例子。家庭就是家庭，繼親家庭和混合家庭首先仍是個家庭，繼親和混合則是次要的特質。所以在這兩種情形中，夫妻關係仍應該勝過他們各自與子女的關係。此外，繼親父母應能對繼子女完全、不受限制地施展權威。不管一個家庭怎樣被稱呼，都不該決定它如何運作。

不幸的是，大多數的心理健康專家，包括深具影響力的菲爾博士（Dr. Phil）給的卻是相反的建議。在《家庭第一》（*Family first*）[2]這本書中，菲爾博士曾說，在繼親和混合家庭中，父母只能夠管教與自己有血緣關係的孩子。這位常在電視上亮相的博士，曾給過的家庭建議通常很糟糕（這在心理健康專業界是常態），而這是最糟的一個。首先，這個建議將一個家分裂成由父母與孩子組成的兩個陣營。其次是，它把繼親父母邊緣化，並使得婚姻無法擁有優先地位。這類十足可怕的專業建議支持一個令人不安的統計數字：**已經有小孩的二度婚姻比初次婚姻更可能遭遇失敗**。

比較成問題的，應該是如何將〈創世紀〉第二章第二十四節應用在婚後擁有小孩、而如今因為離婚或喪偶而成為單親的人。單身和與伴侶成為一體，顯然是相反的兩個條件。但另一方面（我絕不是有意在這裡扭曲《聖經》），如果把未婚父母考慮進來，我們可以將**個人**視為兩人中的一半或一個整體，即視為破碎或完整。一個完整的單親父母視自己為完整的人，並依此信念而作為，也就是說，他盡全力地活出自己。因此我提出下面的觀點：單親父母必須確定自己不會過分埋首於小孩之間，因而失去對自己的認同、忽略滿足自己的需求。在他們的家庭中，單親父母無法在父母與配偶的角色之間轉換，因此他們必須在家庭、父母的角色之外找到屬於自己的生活。他們需要在做父母與做一個人之間取得平衡。教養原理的一個簡單法則，對已婚及單親父母們皆適用：**你給別人一樣你連自己都給不起的東西**。

關於這個話題，我說的話算是有點權威性。在我七歲前的大部分時間，我的母親都是個單親媽媽，在這段期間裡，她幫我的最大的忙，就是不要把精力過分投注在我身上。我的母親有工作，她去上大學，而且她擁有完整而豐富的社交生活，是我不能參與的（除非是某些非常特別的場合）。她就是個完整的單親媽媽，對我來說，她的世界顯然不只是「約翰的媽媽」這個稱呼可以涵蓋。儘管她擁有除了我以外的其他生活，但我從未感覺母親給我的愛有任何一點匱乏。我始終知道，在我母親的心裡，她留給我的位置比任何人的都要大，只要我有需要，任何時候她都會在我身邊。但我也明白我無法獨佔她。她是自己的主人。母親完整的獨立個體，使我得到發展自己興趣的空間，使我自立自強，闖出屬於自己的人生道路（儘管有時曲折迂迴）——真的，非常美妙的禮物。

不幸的是，保守的說，有許多單親父母——**尤其是那些教養書籍的讀者們**——他們不容許自己追求孩子之外的獨立興趣和親密關係。因此他們把孩子納入幾乎每件他們所做的事情當中，這個結果表示，他們總是為自己做得太少，養兒育女消耗掉太多不必要的精力。這種以孩子為中心的單親家庭，一點也不比以孩子為中心的雙親家庭健全。

失去自我的父母

二〇〇六年十一月，我結束在亞特蘭大一個主日學課堂上的演講時，有個聽眾向我自我介紹，說他任職於《財星》雜誌全球五百大企業排行榜中的一家企業，職位是經理。他說公司最近的一場主管會議討論的主題，是如何對付年輕僱員的父母，他們會打電話給孩子的上司，抱怨考績打太差。提醒你，這些年輕人的年紀約二十五歲以上，不到三十歲。由於這類父母干涉孩子工作的事情實在太常發生，以至於公司的律師必須擬定一些非常特別的原則，讓上司在應付部屬父母時可以遵循。他搖搖頭，嚴肅地說：「約翰，年輕的僱員已經給我們帶來太多麻煩。而現在我們還得處理他們父母帶來的問題。」

依我的看法，在養兒育女的全部歲月中，這些父母已經與自己的孩子「成為一體」。因此他們早就忘記如何「和伴侶成為一體」。換句話說：他們不知道該怎麼停止扮演父母的角色。因為父母角色賦予他們生命意義，如果不再扮演這個角色，他們的生命就會失去意義，而且必須面對婚姻的破碎。為了避免這樣的不快，於是他們抓住每個機會去做他們最拿手的事：保護、栽培自己的孩子。

再怎麼說，這對美國的未來都不是什麼好兆頭。

團體討論或個人反省的問題

一、請做前面我們提過的練習：過去一個禮拜你花了多少時間在家人身上，扮演父母的時間比例相對於扮演丈夫或妻子的時間比例是多少？

二、假設過去的一個禮拜你過著平常典型的生活，你的家庭生活是以孩子還是以婚姻爲中心？如果答案是前者，**從今天開始**，你和你的配偶可以做些什麼，讓你們的家庭生活重新回到以婚姻爲中心的軌道上？你目前正爲孩子做的事情當中，有哪些是可以不再繼續而不會對孩子造成傷害的（別說他們可能不願意你停止做這些事）？有哪些事是你目前沒有爲你的伴侶做到，或是沒有一起去做，但可以開始去做的？

三、想像一個不是以孩子爲中心的家庭。寫下五件你可能會改變做法的事，是什麼因素阻止你的目標？

四、關於劃定婚姻的界限，有什麼事是你可以從今天開始去做的？你的孩子和你一起睡嗎？你是否不願意做事時沒有孩子們的參與？你計畫假期時，心中優先想到的是否爲他們的需求？

五、你是否能和配偶一體同心地教養子女，也就是從婚姻裡頭開始做父母？或是你們夫妻是一人一把號，各吹各的調？如果是後者，在這件事情上是什麼文化及社會力量影響了你們？

六、如果你的家庭是繼親或是混合家庭，這個家庭怎麼稱呼會決定你的家庭如何運作嗎？如果答案是肯定的，從今天開始你應該怎麼做，才能把家庭真正放在第一位？

七、如果你是位單親父母，你是否因養兒育女而消耗掉過多的精力，以至於忽略了你自己的需求？你該如何好好地照顧自己？請寫出五件你從今天開始可以去做的事。

註釋：

1 對「現代的」女性來說，這段敘述看似愚蠢，甚至讓人不太舒服，因為她們將這種傳統的為妻之道視為屈從的人格貶低，但我要指出，我在這裡所說的是服從上帝的教誨，而非屈從於男性。也請記住，這段描述中的丈夫也一樣是服從上帝的指令。他回家不是為了跟孩子玩，或是坐在電視機前面看球賽；他回家時心裡只想著一件事：待在妻子身旁。

2 這是個自相矛盾的書名，因為這本書實際上是本教你如何和自己的孩子建立美好關係的指南。

第六章

品格第一

今天我向你們頒佈的誡命，你們要放在心，殷勤教導你們的兒女。無論在家或出外，休息或工作，都要不斷地溫習這誡命。

——〈申命記〉第六章第六至七節

《舊約》〈申命記〉第六章的六～七節，是上帝給父母們的第一道指令。它指導老祖母將教養的主要重心放在一件事情上：竭盡所能，務必使她的孩子成為一位「有品格的人」。

將上帝的誡命「放在心裡」，表示的是為人父母必須根據《聖經》設計的模式生活，因此你必須向孩子親身示範什麼是正確、適當的行為，而這些行為的價值是永恆不變的。你的示範必須持續、一致地融入孩子的生活。《聖經》上說，你必須把握每個機會教育子女是非對錯，引領他們根據上帝頒布的誡命、方向及教誨做正確的事。你應該向孩子們解釋你做一件事情的理由，而你的解釋必須始終能夠參照上帝的話語，唯一權威的基準。

灌輸孩子正當的思想

在這個關鍵性的段落中，上帝也告訴父母們：「必須管教孩子的思想！」這非常重要，因為今天的父母們總認為教養只跟行為有關。事實上，這是聽從後現代心理學的教養巴別塔所得到的必然結論。心理學使得父母們認為，教養只是**行為**的矯正，亦即藉由獎勵與懲罰的操弄而「塑造」恰當的行為。然而另一方面，《聖經》上卻清楚地說，教養應該透過恰當的教誨來完成，方法則是慢慢灌輸孩子恰當合宜的**思想習慣**。《聖經》

說，恰當的思想必須先於恰當的行為。耶穌也說過同樣的話，祂說在犯下姦淫罪前，人必先起邪念；廣義地來說，人在犯下罪愆之前，必已先有了罪念。

> 你們聽過古時候有這樣的教訓說：「不可姦淫。」但是我告訴你們，看見婦女而生邪念的，已在心裡姦污她了。
>
> ——〈馬太福音〉第五章第二十七至二十八節

一個人可能思想並不正經，但行為舉止合宜。但這樣的行為事實上只是矇混而已，而矇混的行為——即使表面**看似**正確——並不值得尊敬。這樣的行為明顯是為了實利，自私，而且要小聰明。然而今天卻有這麼多的父母們本末倒置，重視恰當的行為更甚於恰當的思想（或許更精確地說，這些父母們想省略思想教育，直接教出恰當的行為），這是否可以解釋，為何今天有這麼多的孩子們似乎極善於操控成人——他們之所以做對的事，唯一的目的只是為了得到想要的東西？

除此之外，我的觀察是，今天的長輩其實並不願意管教孩子的思想，尤其是他們不願意用和藹但直截了當的態度告訴孩子，他們說的某件事情完全是錯的。我認為這和下面三個因素有關：(一)後現代流行的文化相對論在作祟；(二)一個有害無益的觀念認為，讓孩子對某件自己說過的事情「感覺很糟」（降低孩子的自尊），是沒有愛心的行為；㈢一個乖張甚至危險的見解認為，孩子的錯誤觀念是天真無害的，不需要糾正，就算沒有成人介入，孩子最後也會知道什麼是對的。

舉個例子，現在許多學校的老師不再把錯誤的答案指出來，所持的理論是，只要孩子試著想要解決問題，就不能說答案是錯的。人們進一步相信，標示錯誤的答案會讓一個孩子發展出負面的學習態度。這種極端危險的相對主義式哲學，已影響了許多家長的觀念，造成許多孩子得以愛怎麼想就怎麼想，幾乎可以說是天馬行空。

老祖母了解〈箴言〉第二十二章第十五節的「兒童本性接近愚昧，用責打可以改變他們」不只是個陳述而已，同時也是個訓示。它要說的是：「家長們！好好管教你的孩子們的思想，這是你的責任！」如同〈申命記〉第六章第六節和〈馬太福音〉第五章第二十八節，每當《聖經》上說把某件事放在或存在**心裡**時，提到的總是思想。今天的家長們被哄騙，孩子的思想是無辜、天真、不知情而且不是故意的等等，然而事實上，孩子的許多思想都是步向罪惡的前兆。沒能適時糾正這些想法就是一種罪。

如何對治愛唱反調的孩子

孩子們的反骨不僅會展現問題行為，也會故意說反話，和父母唱反調。我們就常聽到，父母抱怨孩子頂撞他們說的每句話。父母說黑，孩子就偏要說白。父母們問我：「這是不當的行為嗎？」當然！這是孩子在主張他是自己的主人，而且只有他說的才算數；這兩個觀念，正是所有不良行為的核心。這是孩子在堅持自己有權（他賦予自己的權利）愛怎麼想就怎麼想，愛怎麼說就怎麼說。當父母叫孩子撿起玩具，而孩子拒絕服從，或者是青少年挑戰父母的門禁時間時，這就是在造反。而這種行為是需要管教的。

「什麼樣的管教？」父母們可能會問。

這要看孩子們的年齡而定，但這類的行為應該在剛萌芽時就及早阻止。用我的譬喻來說，這種不良行為就像滾雪球，下坡的速度可是相當快。在造反演變成革命前，必須早點制止才行。如果這名罪犯只有三歲大，這種對抗行為才剛出現，父母們應該在一個較為隔離、孤立的地方設個「反省座」，讓孩子獨自在上面坐個五分鐘。五分鐘之後，父母們應該問：「草地是綠的還是紅的？」如果孩子還是堅持是紅的，父母應該要說：「等到草地是綠的時候你再叫我。」然後走開。我曾聽說一個三歲大的孩子坐了好幾個小時，最後才承認草地是綠的。一個孩子的造反精神，你看可以多麼頑強！

如果這個愛唱反調的孩子已經能夠寫字了，父母就應該讓他坐在廚房的餐桌上，給他筆和紙，罰他工工整整地在紙上寫一百遍「草地是綠的」，然後才能讓他起身。最重要的是，父母不要和孩子在這類話題上爭論，這是基本原則。當父母說的話明顯是事實，而孩子卻偏要唱反調時，父母應該冷靜地運用身為父母的權威。爭論只會讓孩子以為他可以愛怎麼想就怎麼想。一個沉浸在這種幻想當中的孩子，等於是在朝後現代相對論的危險道路上走。

> 我的存在不需要任何人的授權或批准，除了我以外。
>
> ——《頌歌》（*Anthem*），艾茵．藍德（Ayn Rand）

鬧可忍，孰不可忍？

訓練孩子表達情感，也是人格教養的一環。曾經在不久前，大家對這件事情都還能夠心領神會，但一九六〇年代開始，隨著心理學者的出現，他們說應該讓孩子自由表達情感，因為強迫他們「壓抑情緒」（傳統父母們的做法）會造成各式各樣的成年精神官能症，這樣的做法於是改變了。

這些心理學神棍就跟其他人一樣，只是在裝神弄鬼嚇唬人。儘管說的沒一樣是真的，但他們的宣傳卻大大地成功，這就是為什麼，五歲大的孩子稍不如意就馬上暴怒的情形會屢見不鮮。今天的青少年——尤其是青少女——大多變得更加情緒化，就是因為父母們不再覺得有權禁止三歲以上的孩子暴怒、使性子、性急暴躁，否則就要懲罰他們。

但是，光是禁止暴怒、使性子、性急暴躁也還不夠。當一個孩子任性地哭起來時，父母應該把他帶開，並堅定地要求他控制自己。當一個孩子在不適當的場合笑起來時，父母也應該把他帶開，嚴厲地教訓一番，並要孩子向所有在場的人致歉。是的，即便是三歲小孩也一樣。

「拜託！」一個明理的家長可能會叫道：「你不可能期望一個三歲孩子知道，什麼時候哪些衝動的反應不適當吧？」

對於一個不知道什麼時候某些衝動反應並不適當的三歲小孩，父母應該在必要時刻用強而有力的方式教育他，讓他明白。今天的父母們確實在這方面遇到困難，因為後現代心理學式教養造成大人對孩子的期望降低。五十年前，一個在不適當場合大笑的三歲孩子應該受到訓斥的想法，不會讓任何人遲疑；但今天卻有許多人認為這已幾乎是虐待兒童。他們會說小孩子不懂事，但針對這個理由我會說：「那某人就應該幫他培養自我控制的必要習慣，這樣下一次他才會懂事。」我們對孩子的期望降得愈低，我們就會愈容忍那些不該被容忍的行為，而孩子就會變得愈來愈沒教養。

誰才該是領頭羊？

上帝也在〈申命記〉中告訴父母們，他們應該在孩子的生命中扮演**最重要的影響者**角色，從小孩到青少年階段都是如此。只有在這種情形下，父母們才能讓自己的想法和價值觀「銘刻」在孩子心上。不幸的是，在今天的世界中，父母通常不是孩子生活中最重要的影響力來源。有太多的父母們容許其他的影響力——如孩子的同儕、老師、教練、電視、音樂、電子遊戲、網路等等——勝過自己的影響力。這些事有多麼容易發生？以下是一些說明。

比利小子

為了方便說明起見，讓我們稱這孩子叫比利，他今年十歲，平常九點上床睡覺，七點起床。所以在一年當中，比利清醒的時間有五千一百一十個小時，而上學及往返學校花去了其中的一千兩百六十個小時。這樣就剩下三千八百五十個小時。除了上下學，他每週還要平均花四個小時往返及參加課後活動，一年共兩百〇八小時，所以剩下三千六百四十二小時。典型的十歲孩子每週會花二十小時看電視，我們假設比利是典型的孩子，那麼他花在看電視的時間每年是一千〇四十個小時，於是剩下兩千六百〇二個小時是清醒的。他得花上三百六十個小時做作業和報告，剩下兩千兩百四十二小時；平均每天玩電視遊樂器一個小時，那就是一年三百六十五小時，剩下一千八百七十七小時；平均每天花一個小時和朋友們玩，這樣就剩下一千五百一十二小時；每天可以上網一個小時，剩下一千一百四十七小時；每天花一小時玩玩具、投入嗜好當中，或是靜靜發呆，剩下七百八十二小時；他參加教會的少年團契，每週必須聚會兩小時，剩下六百七十八小時——這就是他父母可以影響他的全部時間。

不幸的是，這六百多個小時裡，他們大概有將近一半的時間都在做其他的事，所以真正可以對比利發揮影響力的時間每年只有三百三十九小時。如果時間可以換算成影響力，比利的父母對他的影響力還小於老師、同儕、電視、教練、電視遊樂器和網路。家庭不是比利主要活動的環境，父母也不是他的主要影響力。知道實情的人都明白，從比利很小的時候起事情就是這樣了，因為他的父母們都在外工作。而在上學前，他也大多待在托兒所和幼稚園裡。

今天符合上面描述的家庭實在是太常見了。父母們通常在不經意的情況下，減少了自己對孩子生活的影響力，而其他東西的影響力卻不斷在增加。有時候孩子最後會被這些其他的影響力把持住，它們透過極不良的方式接管了孩子的生活。以下這個真實的故事，可以說明我想要表達的事情。

電玩小子

二〇〇六年秋天，一位母親寫電子信給我，要求我針對她十五歲大的兒子給些建議——這個男孩迷上了線上遊戲。我得承認，我不是真的很懂線上遊戲是怎麼回事，不過這顯然是來自世界各地的「遊戲玩家」（通常是過得太閒的青少年和年輕成人）聚集在某個網站上，一起玩各式各樣的虛擬遊戲。那位母親告訴我，她和丈夫「限制」兒子一天只能玩六小時，每星期只能玩六天。如果他們嘗試勸他收斂，不要再玩那些線上遊戲，多跟家人相處，他就會大發雷霆——尖叫、罵髒話、摔東西等等。這對父母很迷惘，不知該怎麼做才好。

我告訴他們，他們所形容的是種成癮症，他們的兒子對虛擬遊戲的上癮情形，就跟藥物上癮一模一樣，唯一的差別只是他嗑的藥是電子藥物，而不是化學藥物[1]。我告訴這對父母，隔天他上學後，他們應該從他的房間移走電腦，放在家裡之外的地方收藏起來。我強調，「一次就戒」（cold turkey）是唯一打破這個成癮症控制的有效辦法。讓他慢慢減少玩遊戲的時間？即使可能，也不會有什麼用。

兩個星期後，我收到這個男孩的母親寄來的第二封信。她告訴我，她和她丈夫已照我建議做了，當然了，她兒子可不只是大發雷霆而已，簡直是氣到抓狂，他敲打家具，威脅對他們動粗、逃家，同時聲嘶力竭地不停詛咒。當他知道這一切都沒有用時，他回到自己房間裡，要大家離他遠一點。

但幾天後，他走出自己的房間，開始和其他家人互動了，雖然只是嘗試性質的互動。他也開始做家事，甚至會自動自發地幫忙。最棒的是，他告訴他的父母們，雖然他不喜歡他們所做的事，但現在他感覺自己「得到解脫了」。他真的很感謝他們！這位母親說他顯得輕鬆許多，比較願意溝通、幫忙，比較有禮貌、快樂，也比以前更常微笑了。她說：「我覺得我兒子又回來了。」

這個故事或許只是「冰山的一角」，在這個時代，這男孩對電子遊戲的上癮一點也不稀奇反常。這個故事說明的是，父母對子女的影響力可以流失得多麼快速而不自覺，取而代之的卻是乍看下毫無害處，其實完全相反的事物。這個故事也反映了，今天的家長們對自己的權威是多麼普遍地缺乏安全感。但這仍是個帶來希望的故事，因為它說明了當父母覺醒過來，決心重新找回自己的位置、在孩子的生命中扮演最具影響力的角色時，無論這孩子在墮落毀滅的路上走得多遠，父母都還是可能重獲地位。但是，別搞錯了，非常狀況就必須採取非常手段。

你是對孩子的生活最具影響力的人嗎？這裡有個我給父母團體做過的練習，現在我也邀請你來嘗試：

一、列出對你孩子的生活具有影響力的事物——包括電視、流行音樂、網路、電影、課後活動、教練、電子遊戲、書、學校、老師、同儕等等。

二、以所花費的時間為基準，將這些事物按照影響力由高至低排列。

三、如果你和你的家人在這張表上不是排在最前面，即你和你的家人不是孩子生活中最具影響力的人物，那麼列出第二張表，寫下你需要做哪些事來恢復自己的地位。

四、在第二張表的每個項目旁，寫下你打算付諸行動的確切日期，並向自己承諾：這世界上絕對沒有任何東西可以讓你打消主意。

你是否容許電視減弱你對孩子生活的影響力？你是否願意把電視從你孩子的房間移走？你是否願意減少自己看電視的時間，多花點時間和孩子相處？你是否願意就從今天做起？

課後活動太花時間，以至於幾乎沒時間和家人們相處？（請記得，「一起」看電視不是家庭活動，孩子玩美式足球時在旁邊加油也不是。）你是否願意取消孩子的課後活動，或者至少大幅縮短他們花在上面的時間，將這些時間拿來家庭野餐、參觀博物館、歷史古蹟，甚至只是簡單地在公園裡散步？如果答案是肯定的，那麼我的下個問題是：「什麼時候？」畢竟時光飛逝！

高自尊有害無益

《聖經》和優良的研究均指出，「擁有高自尊」跟「成為一個人品高尚的人」這兩件事是無法共存的，這一點我再強調也不為過。但當我試著說服父母們，追尋孩子的高自尊這個崇高目標大錯特錯時，問題在於，過去四十年來高自尊已經和蘋果派一樣，成了美國文化的一部分。於是當一個人說「高自尊是很糟的東西」，就像是說「美國派有毒」一樣，得到的反應通常是難以置信。

一個典型的答辯是：「但我希望我的孩子可以有點自信！自信和自尊不是一起出現的嗎？」

不是的。首先，並沒有證據顯示，當質樸、謙遜是文化標準時，美國人缺乏自信。從清教徒時代到第二次世界大戰的美國歷史都可看出，輕易放棄絕非美國人的性格特質。此外，只要能具備理性的自知之明，高度自信是很好的；但若是缺乏自知之明，自信經常會變成行事鹵莽。就這方面來說，研究發現，高自尊的人容易認為自己可以勝任任何事。人在失敗、跌跤前，就是會出現這種驕傲心態。由於對自己的天資聰穎過度自信，高自尊的人容易誇耀自己，並冒愚蠢、經常是危及生命的風險：他們開快車、嘗試極限運動員在電視上表演過的事，認為自己可以不被酒精中毒影響等等。今天有太多的青少年完全符合這個描述，因此有一點值得一提：青春期和不怕死的妄想，絕不是像一般所相信的那樣是相伴出現的。今天許多的青少年對於生命的脆弱沒有絲毫認識，但在過去的歷史中，鹵莽、有勇無謀並不是對青少年的形容詞。這些性格特質是高自尊的徵候，之前都不曾出現在對青少年的描述中。原則是：謙遜左右了自信；沒有謙遜的自信，對自己和其他人都可能是個危害。

有時候某個家長會問：「但你當然不會相信低自尊是好的吧？」

就我們所討論的這個問題，高自尊的對立面並非低自尊。高自尊的對立面是謙遜、樸實及「恭順」（受到控制的力量）。這是《聖經》中的理想，理所當然也是我們的理想。原罪就是高自尊，而人是帶有原罪的；因此，捨棄自尊的理想永遠只會是個理想。但我們仍應該努力達成這個理想，這一點也不矛盾。讓我再舉另一個例子：一個人無法**成為**基督，但可以效仿基督。這是件好事，不是嗎？同樣地，想要達到沒有自尊的狀態也是件好事。耶穌會把自己供奉起來嗎？不，他當然不會。耶穌是曾經活著的人當中唯一沒有絲毫自尊的人。我們不可能是耶穌，但我們當然可以仿效他的典範。

謙遜的阿米緒人

阿米緒人（Amish，編按：門諾教派的一個派別，即阿曼派信徒，移居美國賓夕法尼亞後，穿著樸素，不用電，不使用汽車）立志要無自尊。他們甚至有個詞來形容高自尊：**prideful**（自尊旺盛）。當一名阿米緒人社區的成員不知節制地突然表現出高自尊時（例如頑固地堅持己見），其他社區成員就會溫和地責備他，他們會說「你這是自尊旺盛」或其他類似的話。而被責備的阿米緒人不會表現出防禦的姿態，相反地，他會感謝那個幫他找回謙遜的人，因為那人幫助他成為一個腳踏實地的人。

阿米緒人立志成為像耶穌一樣沒有自尊的人，但他們在美國卻是最有應變機智、最能健康表達情感的人們之一，也許甚至在全世界也是如此。關於阿米緒人的研究顯示，他們受心理健康困擾所苦的比例是其他人口比例的一半左右。此外，治療阿米緒兒童的小兒科醫師也很少發現罹患注意力缺乏症、對立性反抗疾患、童年期躁鬱症等疾病的患者，而這些疾病卻是現今阿米緒人口中的「那個世界」裡的兒童經常罹患的。我和一名服務八百個阿米緒家庭的小兒科醫師常有連絡。一對阿米緒夫婦平均生七個孩子，但我們假設這名小兒科醫師服務的家庭中，有許多家庭少於七個孩子，為了方便討論起見，就說他服務的每個家庭平均生三個孩子好了。那就已經是兩千四百個阿米緒兒童了，但在這群孩子裡面「沒有一個被學校轉介到我這兒，要求我們評估或確認他是不是罹患了注意力缺乏症。」平均生七個小孩，但阿米緒夫婦們在教養方面所遇到的麻煩，卻比平均只有兩個孩子的美國父母們少多了。顯然地，阿米緒人做對了某件事。而我認為他們所做的事情很簡單，就是根據**上帝的話語**來教養孩子而已[2]。

團體討論或個人反省的問題

一、你是否認為，你已經盡力管教孩子的思想？你是否有時不願意糾正孩子說的某件事、表達的某個想法，即使你認為那根本是錯的？如果是的話，你是否了解你已在不知不覺中受到了這時代流行的相對論的影響？

二、為了更有效地將是非之別（你的價值觀）銘刻在孩子心中，請列出三樣你從今天起可以開始去做的事。你可以從這項開始：「當某個人在日常生活中做了一件對的事，我就必須把握機會向孩子說明。」

三、你是否在不知不覺中，成為下面這個宣傳的受害者：應該容許孩子擁有「思想的自由」和「表達情感的自由」？你的孩子有些什麼言行，顯示你疏忽了管教孩子的思想和情緒？你可以做什麼來挽回你的疏失造成的後果？

四、請做一做上面我們提到的練習。你是否在孩子的生活中扮演最重要的影響者角色，或你是否已經讓其他的影響力減弱了你對孩子的影響？如果答案是後者，你從今天起必須開始做哪些事，才能重新恢復這個地位？

註釋：

1 任何人若認為電子遊戲不會真的讓人成癮，可以參考下面這個故事：二〇〇六年九月，薇莉和我下榻舊金山的一家旅館，那家旅館最近主辦了一場「遊戲玩家」大會。旅館工作人員告訴我，那些參加者極端沉浸在遊戲當中，以致於忘了喝水。有幾個人於是出現了脫水現象。為了避免被告，旅館工作人員得發給每位參加者一瓶瓶裝水，並堅持他們喝下去。如果這個故事還不足以形容成癮行為，我不知道還有什麼可以了！

2 Susan Reusberger, *The Complete Idiot's Guide to Understanding the Amish* (New York: Alpha, 2003), 15.

第七章

當個有願景的父母

教導兒童走正路，他自幼到老終生不忘。

——〈箴言〉第二十二章第六節

沒有願景的引導，人民就放蕩無羈。

——〈箴言〉第二十九章第十八節（《新耶路撒冷聖經》（NJB））

《聖經》中有句話最能代表上帝對子女教養的計畫和想法，那就是〈箴言〉第二十二章第六節。在所有關於養兒育女的詩句當中，它也是最知名的。它的含義昭彰：父母應將子女教養的目標著眼於長遠的未來。

從這一點來看，一個人的目標應該是堅定不受動搖的。他必須日復一日、無時無地堅持這個目標。而且由於孩子的「正路」並不會因人而異，因此每個父母都應該專注在同一個目標上，也就是培養一個愛上帝、有正當品格及道德和倫理觀念的成人。這個成人是負責任、有悲憫心的公民、忠實的配偶，並將這些美德「傳承給下一代」的父母，他會教導自己的孩子走正路。為了堅持這個目標，為人父母者必須在「父母心」的心尖上放上一個清楚的願景，提醒自己希望孩子三十歲時成為什麼樣的人——一個他可以時時參照的願景。

問問你自己：「我是否有個這樣的願景，如果有，我是否把它時時放在心上？」

著眼於長遠目標

不幸的是，今天大多數父母——如果他們誠實的話——只能一再地回答「沒有」。你也是嗎？如果是的話，你一點也不寂寞。除了極少數的例外，今天的父母們都是短視的。在他們的教養思維中，關於子女未來的願景，沒有一個清楚的目標。一個負責任的成人，在教養子女時心中應該有個長遠的目標：未來的他，會是擁有良好的品德等美德的人；然而，今天卻有太多的父母反其道而行，專注於不超過幾個月到一年的短線目標上。不意外的是，由於今天的父母們傾向重視孩子們的能力，因此這些短線目標通常是關於學業方面——幫孩子在每週的拼字比賽中得到完美的分數；協助孩子在下次的成績單上取得好成績，以增加他們進入資優班的機會；加入許許多多的課後活動，以增進他們的課外才藝……諸如此類。

此外，一開始就短視的父母，通常就會一直短視下去。他們追逐著一個又一個的立即目標，永遠停不下來。短視的父母通常也會注入大把精力於任何既定的短線計畫，以確定可以完成計畫。這股滿足與喜悅感創造出一種幻覺，讓他們以為自己正走在一條正確的道路上，但其實他們對於目標的方向毫無真正的想法。他們那短視的熱情，以及由此帶來的短期滿足，使他們看不見一個事實：他們並沒有訓練自己的孩子「往正路上走」。對孩子的未來、他的成年生活，他們幾乎沒有任何的願景。

舉個例子，就在此時此刻的某個地方，某個三歲小孩立意良善的父母，正竭盡所能地訓練自己的孩子在下次生日前學會字母和基本的數字，這樣一來，他明年被錄取進入鎮上最高級私立幼稚園的機會才會增加。一旦他學會字母和數字，他們就會請一位家教來教他閱讀，那時他們的目標會是讓他的閱讀能力達到「真的」幼稚園二年級程度，而到了那時候，他們的目標就會變成說服幼稚園園長讓他可以跳級。達到這些目標之後，他們會把精力放在讓他錄取資優班，接著進入發展科學及數學才能的英才學校（magnet school）。達到這個目標之後呢？當然，這表示他必須拿到好成績，所以他的父母會幫他完成他的作業（每天晚上），幫他做研究報告（每一個），幫他複習考試（每一次），諸如此類，不勝枚舉。他的小學成績單將會幾乎無懈可擊，每科都拿A。

哪裡有問題了？人們會問。答案是到目前為止都沒問題，不幸的是，也只是到目前為止而已。成績單全都是訓練「教導兒童走正路」嗎？不是。每位讀者都跟我一樣，認識某個在學校時是模範生，長大成人後卻把自己的生活搞成一團糟的人。

如果我要求這個三歲小孩的父母們形容一下，他們希望自己的孩子三十歲時是個什麼樣的人，他們絕對不會說任何一句類似這樣的話：「我們希望他會是高智商俱樂部（MENSA）的會員，全美國最聰明的人之一；我們希望他在他的領域裡已經擁有全國性的知名度，他會娶鎮上最有錢人的女兒，住在有圍牆和警衛的鄉村俱樂部社區中好幾百坪的房子裡，是所有認識他的人羨慕的對象，還是重量級政治人物的密友和親信。」

相反地，我敢肯定他們會說的話是類似下面這些（而且讓我們假設這些父母都是虔誠的基督徒）：「我們希望他能成為一個負責任、樂善好施、誠實、可靠、有同情心的公民，一個忠實顧家的好男人，並抱持對上帝堅定不移的愛。」

簡言之，他們不會用名聲、成就或物質財富來形容他們的孩子三十歲時的樣子。他們會用他的**品格**來形容他。但他們日復一日的子女教養，卻顯然不是著重在培育出一個品德良好的成人，而是著重在培育一個擁有名望、權力和地位的成人。換句話說，他們專注於膚淺表面的特質，而非真正**有意義**的事物。此外，這些父母們也不了解，針對他們平日投注大量精力的日常事務，對於希望培育出的那種成人，是會有反效果的。

如果更進一步細問，這些家長們一定會說，他們希望自己的孩子三十歲時是個積極進取的人。但是，他們日復一日所做的努力，卻是教會自己的孩子凡事依靠父母。他們也可能會說，他們希望自己的孩子長大成人後，能夠了解「失敗為成功之母」，不要被挫折打垮，而是要把它當成成功的動力。但是他們日復一日所努力的，卻是避免自己的孩子遇到失敗！如果父母始終保護孩子，不讓他受到一丁點挫折，那麼，他要怎樣才能培養出面對沮喪的積極態度？

當我談到〈箴言〉第二十二章第六節時，通常會先要求聽眾中的父母們寫下他們對子女的長期目標。而照例總有一位或幾位父母們會寫「受大學教育」。這到目前為止都沒問題，但計畫讓子女上大學並不是我說的那類未來願景，也不是〈箴言〉第二十二章第六節所指的那種長期目標。我說的目標和《聖經》上所指的一樣，那是個成年**人**，而不是一個人的成就。〈箴言〉第二十二章第六節所提到的**正路**，也跟學術、財富、專業或其他方面的世俗成就毫無關係。它指的是孩子在生活中的**言行**，尤其是如何面對真正的困難。

一個人的生活言行攸關的是**價值**，而不是**成就**；是品格，而不是世俗財貨。此外，良好的品格並不以拿到大學文憑為前提，大學也不會讓人獲得良好的品格；許多大學畢業的人都有重大的品格缺陷，就是明證。同樣地，我們也可以說，成為醫生、名演員、運動明星甚至是美國總統，都不見得會讓人有良好的品格。

當我繼續問那些希望孩子能上大學的父母們：「你希望自己的孩子從名校畢業，卻是個不值得信任、善於欺騙及／或性亂交的成人，還是希望他是個沒上過大學、但品格無懈可擊的人？」他們總會毫不猶豫地選擇後者。但這些毫不猶豫地選擇後一個答案的父母們，是否將他們的教養目標設定在培養出三十歲時品格無懈可擊的成人？答案是否定的。他們大部分的精力都投注在讓孩子**下次的成績單**上有好成績，然後上名校，最後成為有名又有權的人。

短視的子女教養經常也是狂熱的、讓人筋疲力竭的，所以短視的父母也會是執著於細節的父母。而所有執著於細節的人——不是**一些**而是全部，總是狂熱而且把自己搞得筋疲力竭。那些持續投注於短線目標的人，都會在子女教養的「地圖上」彳亍行進，像是艘沒有羅盤的船。這使得無論孩子本身究竟有多「棘手」，養兒育女都比從前更艱苦、更有壓迫感。

最輕鬆的育兒之道

相形之下，那些始終專注於長期願景的人，則能以穩定而接近「直線」的方式，帶領孩子從兒童期邁向成人，而且一路走來最不費心、費力。每當要做任何教養方面的決定時，他們首先考慮的是那個長期的願景，思考的是自己希望孩子三十歲時是個什麼樣的**人**，而不是一些任意、武斷的短線目標。因此他們日復一日所作的決定均「符合」那個長期願景，自然帶著他們穩定邁進。

符合這個描述的父母們，育兒經驗都會相對輕鬆，而且幾乎總是有所回報。對了，是的，他們在一路上也會遇到應有的困難。所有父母們都會。人類的本性，使任何孩子都會給他們的父母帶來相當程度的、無可避免的麻煩，但對於那些符合這個描述的父母們，教養子女本身並不特別艱苦。畢竟他們是根據上帝清楚的教誨來當父母的，上帝的教誨是教導孩子走向他成人後當行的正路，而當一個人根據上帝的教誨來行事時，任務就會變得相對簡單，儘管並不一直都輕鬆、不費力。但當人們遵守上帝的教誨時，上帝的大能就會協助他完成上帝交代他的任務。祂不會把當父母這件事情複雜化，但我們人類卻會！而當我們愈是不遵守上帝某部分的生活計畫，那部分的生活就會變得更複雜、更困難。

> 來吧，所有勞苦、背負重擔的人都到我這裡來！我要使你們得安息。
>
> ——〈馬太福音〉第十一章第二十八節

而且，由於有遠見的父母都專注在長期而非短線目標上，因此他們不會為生活瑣事日復一日操勞，也因此他們的教養經驗是悠閒、放鬆的，極少會狼狽不堪。相形之下，那些專注於一個個短線目標的短視父母們，就無法不為小事操煩了；他們執著於細節，而執著於細節的人無論處在什麼情況下幾乎永遠忙個不停。短線目標總是一個接著一個，完成了這個，另一個等著你；完成了那一個，還有兩個得處理；才剛忙完這些，還有更多要忙，如此這般循環不已。更不用說，執著於細節的人不只是忙到一種狂熱的地步而已，他們還會緊張、焦慮不安。執著於細節的人也看不出他們最大的敵人其實是自己，他們做事的方法就是問題所在。由於不明白這點，他們總是責怪對方給自己帶來源源不絕的壓力。

同樣地，執著於細節、短線取向的母親們，都經常抱怨孩子給她帶來多大的壓力，他們有多「難搞」，從不給自己片刻寧靜等等。她不明白的是，問題不在她的孩子，而在她自己身上。

速食教養與末日思維

「沒有什麼教養的決定是困難的，」我告訴我的聽眾，「如果你根據你對孩子的長期願景來**調整**這個決定，就會讓你穩定，而且近乎以直線朝向目標邁進。當你發現自己特別受到某個育兒過程中出現的狀況所困擾，不知道該做什麼決定才好時，深呼吸並集中注意力在那個願景上。然後你就會豁然開朗，突然明白什麼是正確的決定。」

拿到好成績：速食教養

不管是什麼樣的育兒課題，短視和遠見都會導致截然不同的教養行為。舉家庭作業這個課題為例。現在許多父母為了想幫孩子們拿到好成績（一個短線的目標），幾乎每天晚上都在幫孩子做功課。當他們向我描述他們如何幫忙時，所形容的可不是什麼輕鬆的、享受的事；相反地，他們會說那些時間經常很令人挫折，對自己和孩子都是。他們完成作業的時間似乎延長了兩倍，他們說。他們得一遍又一遍，重複教孩子同樣的東西，而一旦開始了作業馬拉松，其他方面表現得天資聰穎的孩子就會馬上笨得像顆石頭。

如果我這樣問其中一對父母：「你想要把夜晚時間都花在這種事情上嗎？」她（我們所說到的，這個角色百分之九十以上都是母親）會毫不猶豫地告訴我，而且用強調的語氣說：「才不。我**一點也不**想把晚上的時間都花在這上頭。」

但是，她會停止執著於孩子家庭作業的細節嗎？不可能，因為就像所有執著於細節的人一樣，這位執著於作業細節的人深信，如果她不再幫孩子做作業，或是從此不在孩子做作業時從旁仔細提醒，確定他做對了，那麼結果要不是(一)沒辦法完成作業，就是(二)沒辦法正確完成作業。對這位短視的家長來說，這些都是無法接受的。在她的想法中，孩子必須依賴她的幫忙，才能正確無誤做完家庭作業，這就表示她正在做一件對的事情。這是因為，抱持短線取向的短視者很容易被短暫的滿足感搞昏頭。他們似乎認為，如果自己做的事（操勞於各種瑣事）可以產生令人滿意的結果，那麼他們就該繼續這麼做。這正是我所謂「速食教養」的一個例子。就像速食一樣，速食教養除了滿足當下的需求或達成短線目標，別無其他價值，而且速食教養成了習慣之後，就像每餐都上速食店一樣，接下來將會遇上很大的麻煩。

這些父母們，把注意力都放在確保孩子得到好成績（實情是，得到好成績的人是父母，而不是孩子）的短線目標上，這讓他們去做一些毫無樂趣的事情。而且所有這些「幫忙」，顯然不會培養出對自己的作業負責任並獨力完成的孩子。但如果問這些父母：

「對你來說什麼是更重要的：你的孩子是負責任、積極主動的成人，不管他在學校裡成績如何？還是你養出一個成績一直很棒（因為你努力確保他會有好成績），但是遇到挑戰就退縮、無法積極主動的人？」他們總是會說自己寧願是前者。當進一步詢問時他們會承認，比起好成績，負責任、懂得臨機應變、積極主動對於人生最後成功與否（不是那種由名聲或物質財富來衡量的成功，而是成功地以符合上帝心意的方式生活）更重要，但他們仍會提出各式各樣的理由為自己辯解，以便可以繼續幫孩子做作業。換句話說，他們認為長期目標當然比短線的重要，甚至承認自己短視的習性可能會妨礙達成更重要的長期目標，但他們就是沒辦法讓自己照著做。

天塌下來了：末日思維

速食教養經常伴隨著「末日思維」。所謂末日思維，是指人們想像自己如果在今天、現在、這一分鐘沒有妥當地處理某個很小的教養問題，它就會很快地惡化、失控，最後毀掉孩子擁有成功人生的機會。舉個例子，你會認為如果你沒辦法確定孩子交出去的每份作業都完美無瑕，他在學校的成績就會愈來愈落後，最後他會從高中輟學而無法上大學，會換過一份又一份卑微的工作，到了三十歲時，他會推著裝有他全部家當的手推車，在某個大城市的街上整天閒晃，晚上睡在某個天橋下面的紙箱裡。我們的末日思維，總會把負面的事誇張到荒謬的程度。

讓我們再回到家庭作業這個話題（因為這些年以來，有極大比例的速食教養都因它而發生）。不只一位父母曾經告訴我，當他不再幫忙孩子搞定作業的大小事，把責任交還給他時，孩子的成績馬上一落千丈，而且再也爬不起來。沒錯，短期來看事情是變糟，畢竟揠苗助長的結果是，一旦父母把手放開，孩子的成績就會馬上倒退。然而，在每一個個別的案例中，這種「折磨」都只是暫時的。孩子的成績是會有一兩次月考走下坡（在大多數案例中，成績下滑的情形不會持續超過幾個星期）。然後他會開始學會自立自強，並從這個過程本身得到報償。最後，這些孩子在學校的表現會比有父母幫忙時還要好，就連那些有學習障礙的孩子們也一樣！畢竟有句古老的諺語就是這麼說的：「**否極泰來**。」

那些由長期願景引導的父母們，會試著盡量讓孩子為自己的家庭作業負起全責。因此，他們謹慎地限制自己的意願，精簡晚上協助孩子做作業的時間（例如在孩子們上學期間的某個晚上，各花個五分鐘來協助孩子解決兩個家庭作業所遇到的問題）。而由於他們從頭到尾就不屑那種無微不至的教養方式，因此甚至很少會問自己的孩子是否有家庭功課。因為事情很清楚，做作業幾乎完全是孩子自己的責任，所以他們得自己做，好好做，而且準時交出去。（關於這類方法的更特定討論，讀者可參見《搞定回家作業》

〔*Ending the Homework Hassle*〕, Andrews McMeel, 1991。）

艾美的幾何學

我回想起我女兒艾美曾經出現過的一個狀況，當時她第一次面對高中幾何學的嚴酷智力考驗。那一年的第一個幾何學作業完全把她難倒了，她哭著來找我幫她忙。「爹地，」她邊哭邊哽咽著說，「我就是搞不懂它！這對我來說根本完全沒道理！」

我安慰她，讓她在餐廳的桌子前坐下，然後花了一個小時解釋幾何學的邏輯給她聽。最後她覺得自己有了「突破性進展」，可以自己完成作業了。她親了我，然後幾乎是蹦蹦跳跳地上樓回自己的房間。不用說了，我心裡真是充滿了做父親的滿足感。

隔天晚上，差不多是同一時間，她又邊啜泣邊哽咽地出現在我面前。「我就是不懂幾何，爹地。」她哭著說：「我覺得我可能過不了這門課了。」

我建議她別急著下斷語，然後我們再一次一起坐在餐桌前，直到她把問題搞懂、給我一個親親，然後跳舞著回到樓上為止。隔天晚上她又哭著來找我幫忙。然後是隔天、再隔天、再隔天……。最後我搞懂了。我的幫助只是保證她能夠在幾何學作業、考試上拿到好成績而已，但是這也將讓艾美永遠畏懼有關幾何學的東西，甚至恐懼任何只比簡單的除法複雜一點的數學運算。

所以，在差不多兩個星期重複上演同樣戲碼之後，有天晚上，艾美又在那個時間哭著來找我，她說她搞不懂幾何學和她的作業，她需要我的幫忙。

「不，艾美，妳不需要我的幫忙，」我說。「妳**認為**妳需要我的幫忙，而我愈幫忙，妳就愈認為自己需要幫忙，所以我決定不再幫妳搞定妳的幾何學。我想我已經幫妳在幾何學上有了相當好的起步，現在開始妳得靠自己。」

她給了我一個不敢置信的表情，問我是不是在開玩笑？但我不是。她說難道我不了解嗎？如果我不再幫她搞定幾何學，她就過不了幾何學這門課，然後也許她就沒辦法進入好大學了。

十足的末日思維！我得提醒自己，儘管艾美已經是個年輕女人了，但仍是個孩子，孩子們難免容易陷入戲劇化思考，尤其當他們認為自己被生活給難倒時。（新普及譯本〔NLT〕《聖經》第二十二章第十五節中提到：「兒童本性充滿了愚昧。」）

「不，艾美，」我冷靜地說，「妳不會過不了幾何學。其實妳會學得很不錯。我了解妳，我知道妳會用功到妳搞懂幾何學為止。」

「不行！你**必須**幫我！我不懂！如果你不幫我，我會過不了這門課的！」她滿臉淚痕地說道。

「我不會再幫妳了，艾美，」我沉著地說，「就是不幫。」

她瞇起雙眼，用一種從來沒有女人這樣看過我的眼神瞪著我。最後她說了，「很好！那我就不及格算了！」然後她衝回房間，重重地蹬著腳步上了樓梯。

艾美在那次月考拿了個A，又在下一次月考拿了A，然後下一個，再下一個……。如果我繼續幫她忙，她會拿到這些A嗎？或許吧，但是她在我為她設定的成年願景——一個能幹、自信的女人——上將不會有任何的進展。

學會放手

從我兒子艾瑞克開始，薇莉和我經歷許多的困難，才從我們的孩子身上學到了這些道理。艾瑞克上三年級那年的一月，她的老師告訴我們她不能讓艾瑞克升四年級，因為他的學習情況至少落後同年級生一年，而且，他還表現出注意力不足症和一種學習障礙的所有徵候。

截至那時為止，薇莉和我每晚都參與作業馬拉松，確保他做了作業並且正確無誤。但一月的那次會談後不久，我們便告訴艾瑞克，我們再也不能幫他搞定他的作業了。我們不再跟他說明一些東西，幫他做好作業，甚至問都不問他有沒有家庭作業。我們跟他說，他是自己的主人，想升上四年級就要靠自己，而不是靠我們。

「可是，沒有你們的幫忙我要怎麼通過？」艾瑞克煩惱地說。

「艾瑞克，」我說，「如果我們得幫你升上四年級，那你的老師是對的——你根本不該升四年級。」

三個月後的四月裡，他的老師告訴我們，她感覺自己好像見證了奇蹟。艾瑞克的閱讀能力已經趕上同學，可以完成同年級程度的作業，而且所有的行為問題也都一掃而空。艾瑞克和其他同班同學一起升上了四年級，那一年結束時，他的每一科成績都拿到了Ａ。艾瑞克從這個經驗中學到了寶貴的一課，薇莉和我也是。他學到靠自己的雙腳站起來，而我們則學會了放手。

數年後，當時艾美已經是五年級生，一個晚上她驚慌地來找我——她忘記隔天得交她的第一份科學研究報告。我得載她去店裡買需要的材料，並幫她把東西組合起來。我拒絕了。她堅持我得幫她，我再次拒絕。最後她號啕大哭地說，我一定很討厭她，她鐵定會過不了科學課，而這全都是我的錯。我毫不動搖。最後她在沒有薇莉和我的幫助下完成了她的科學研究，不但遲了一個星期，還得到一個很糟的分數；從此，她再也不會忘記要好好準備她的考試或研究報告。

課後活動狂熱

另一項今天大多數父母們每天都會做的事，就是載著孩子趕赴一個又一個的課後活動，包括美式足球、美術課、鋼琴課、武術指導、社交舞課、青少年合唱團練習、童子軍聚會，以及——我確定，說到這裡你就了解——你自己甚至就符合這描述！這些年來，這一點也不是什麼新鮮事，隨便一位媽媽都可能驕傲地承認，她一個星期——學年中的每一個星期——要分別接送自己的三個小孩各去參加兩個課後活動。那就是每個星期共有六個活動，一年有大約四十個星期要上學，所以總共是兩百四十次的來回接送！

這些父母也經常抱怨，接送孩子參加一個又一個的活動、行程或課程有多麼累人，這一點也不令人意外。他們似乎從來沒有想過，這些活動是自找的，而且不是必要的。似乎總有聽起來很好的理由，支持他們做所有這些麻煩事。

你哪一隊？

「我希望我兒子學會如何成為團隊的一員，」一位父親這麼說。他有個十歲兒子，除了同時期至少兩個其他的課後活動，每季至少還參加一項課後運動——一些他三十歲時可能不會再從事的運動。這位父親不了解，要學會成為團隊的一員，最好的環境就是在自己的家裡，他會從做家事、服從家規、恰當地完成指示、和手足分享事物等，學習到團隊的一切。

不幸的是，儘管孩子參與了一個又一個課後活動，並於每星期下課後的兩個晚上，練習美式足球到晚上九點，每年共十二到十五個星期，他們學會更多的是如何成為**美式足球**隊的一員，而不是成為一個好的**家庭**團隊的一員。而你老實說，哪一種學習對他的將來會更有用呢？這不用說吧……而另一件不必多說的事情是，如果每個孩子每季只能參加一個課後活動、每人每年總共只能參加三個，同時沒有任何活動可以讓這孩子七點後還在外面，或是干擾到這家人的用餐，而且用餐時間是合理的、地點更是在家裡，那麼，這個家庭和家裡的每個人都會輕鬆許多。

美式足球能教這個孩子走正路嗎？答案是否定的。只有我所謂的「家庭教室」才可能讓孩子正確地接受到這種訓練。因為當父母專注於短線而非長期的目標時，他們會看不見更大的願景，最後常會變得苦惱而筋疲力盡，除了一個學會怎麼打美式足球的孩子之外，沒什麼值得驕傲的。當父母們把注意力集中在短線目標上時，願景已經被放棄了，他們的優先考量（就是當被問到時，他們會承認的那些）已經完全不對勁。

從社交障礙到獨立自主

當艾美在差不多今天的七到九年級時，遇到了讓她極痛苦的社交困擾。這些事讓她十分痛苦，但對薇莉和我也是。艾美在同年齡人中身材嬌小，身體發育得比同班大部分其他女孩都來得慢。當她十三歲時，看起來只有十歲或十一歲。男孩子們一點也不會注意她（這一點我們倒是滿懷感激），而她也不是真的對男孩子們感興趣（我們也一樣感激）。因此，艾美遇到的困難是怎麼跟那些正在「瘋男孩」的女孩子們相處，因為這些女孩不希望她出現在她們四周。她被排除在所有的這些小圈圈外頭，所以每當她向我抱怨她沒有朋友時，說的都是真心話。

薇莉和我十分希望能夠幫她解決問題。我們想過打電話給一些最受歡迎的女孩的母親，要求她們幫忙，也想過幫艾美舉辦一個大型而昂貴的生日派對，邀請所有最受歡迎的女孩來參加。我們想出愈多幫忙艾美解決問題的辦法，對艾美的人際狀況就感到愈焦慮，對那些人緣好的女孩和她們的父母就感到愈憤怒。於是，我們愈來愈常失眠。

最後我們總算恢復了理智。我們無法幫艾美解決這個問題，而且我們越想嘗試解決問題，都只會讓情況更糟而已。是的，因為我們花了昂貴代價佈置的新鮮玩意，那些人緣好的女孩可能會來參加她的生日派對，但這一點也不會讓她們更想邀請艾美加入她們的小圈圈。艾美最後可能比原先更覺得自己受到了排斥。於是，我們不再把注意力放在短線目標——幫艾美提升同儕人緣——上，而是轉移到長期的目標，我們家的艾美，未來要成為一個不必依賴他人肯定，也能覺得自己生活在正常軌道上的成人。

從那時候開始，每當艾美向我們抱怨沒有朋友，或是其他女孩不喜歡她時，薇莉和我都會說這些話：「艾美，我們知道這很痛苦，但妳不會永遠都十三歲呀。有一天妳會三十歲，那時候這些痛苦都會顯得微不足道。而且，妳現在的經驗正好可以讓妳學到，絕不要用那些女孩對待妳的方式來對待其他人。這也會讓妳學會自立自強，明白幸福不是來自其他人的肯定。」

她一點也不喜歡聽到這些。當我們用這些話來回答她難過的抱怨時，她總會憤然地跟我們嘔氣，氣沖沖地跑走，好讓我們明白她一點也不能體會我們的觀點。有時候她甚至會自憐地哭了起來，啜泣得好像生命即將結束一樣。我們可是盡了全力，才說服自己放棄大型派對計畫呢。

艾美上高中時，終於交到了一個朋友，然後漸漸地朋友愈來愈多。到了她高中畢業進大學時，她已經交到了很多的朋友，其中許多人一直和她交往到現在。

二十五歲那年有一天，艾美和我聊起她的童年往事。她記起自己在青春期剛開始時遇到的社交障礙，她說：「爹地，你知道的，我恨死你和媽咪總是告訴我這些社交困擾可以幫助我成為更堅強的人，但現在我已經是那個更堅強的人，也了解你們想要告訴我的那些話裡頭的智慧。」

長痛不如短痛

不管你遇到什麼樣的教養困擾或課題，你只能用兩種觀點來看：短線和長期。根據短線的觀點而行動或許能解決立即的困擾，卻很難讓孩子向長期的願景目標推進。但是當你行動時依據的是想法中最高的長期願景，也許會換來短痛，但就長期而言卻幾乎總能得到好處。

這並不是說，我們不能根據短期目標來做決定和採取行動，某些情境的確需要這麼做。但在這樣的情境下，通常該怎麼做是當下顯而易見的——它們經常有「緊急」的特質。舉個例子，如果你的孩子病得很嚴重，那麼由於你希望孩子能學會以平常心面對這類事情，因此採取「觀望態度」就不會帶來什麼好處。你得帶孩子去看醫生才行。如果你發現青春期的孩子正在嗑藥，你也必須採取行動，而且是立刻。有時候短期目標和長期目標其實是同一回事，比方說，確定你的孩子到三十歲都能順利不出事。但同樣地，這類情況不是經常發生，它們是例外，而正在讀這本書的父母們都可以毫不費力地辨識出來。

練習題：你的教養行為是否和你希望孩子日後會走的路是一致的？是否符合〈箴言〉第二十二章第六節的教誨？

當父母們被問到：「你希望自己的孩子三十歲時是個重視物質甚於一切的人嗎？你是否希望他會認為，物質的獲得是幸福感和個人滿足的基本保證？」他們總是會說不，絕不希望。但這些說不的父母們，是不是照樣買給孩子幾乎每一樣他們想要的東西？他們是否盡自己最大的力量，保證孩子不會缺少他的大部分朋友們都擁有的物質？當他們的孩子因為某件事而不開心時，父母是不是買東西來讓他們高興起來？不幸的是，對第一個問題回答不的父母們，接下來三個問題的回答卻是肯定的。當然了，他們的立意良善，但腦中卻沒有一個可以在日常生活中當作「目標」的長期願景，來引導自己的教養行為。他們不了解的是，在子女教養這一塊，一個人可以贏得每一場日常的戰鬥，卻輸掉整場戰爭。

就像一位老婦人曾經跟我做過的一個評論：「今天的父母們，心裡已經失去目標了。」

你失去你的目標了嗎？

團體討論或個人反省的問題

一、當你在日常生活中做出教養方面的決定時，是否經常「核對」自己希望孩子三十歲時的成人願景？爲人父母的你，一般來說是短視的，還是有遠見的？如果答案是前者，請舉出幾個特定的、最近的例子，說明如果你更專注在長期目標上，你的某些教養決定會有哪些不同？

二、寫下十個你希望自己的孩子三十歲時可以符合的形容詞。接著問問你自己，你日復一日在教養方面所投入的努力及精力，是否正是以創造出符合那些描述的成人為目標？你是否就像大部分的父母們一樣較關心短線目標，而那些目標和你真正希望培育出的那個人的人格根本無關？如果答案是肯定的，你需要針對你的教養方式做些什麼改變，才能讓它符合〈箴言〉第二十二章第六節的教誨？

三、以一到十為尺度，請根據你日常子女教養的狂熱和壓力程度來給分。如果你的評價超過五分，那麼這些壓力有多少是來自那些完成短線目標所花的心力？而且這些短線目標的長期價值是值得懷疑的？

四、以一到十為尺度，請根據你父母日常子女教養的狂熱和壓力程度來給分。你的父母是否較不著重於短線目標？他們是否讓傳統的子女教養智慧來引導自己的方向？你是否較不願意這樣做？如果答案是肯定的，原因為何？

五、為了迅速達到短線目標，你是否愈來愈執著於細節？如果答案是肯定的，具體來說，你是怎麼執著細節的？只考慮一個你執著細節的領域就好——你認為如果你完全停止這麼做的話，會出現什麼樣的短期及長期後果？

六、請想幾個你正在進行或是曾經犯下的速食教養（以及最可能會出現的末日思維）例子。也許是家庭作業？關於所有這些課題或困擾，有遠見的做法是什麼？或者應該怎麼做？如果你採納了有遠見的做法，但事情變得更糟了，你認為最後的結果會是好的嗎？你的實際子女教養接近你的想像嗎？這個想像合乎實際嗎？

第八章

養兒育女也要與時俱進

天下萬事都有定期，都有上帝特定的時間。

——〈傳道書〉第三章第一節

就像耕種、畜牧、收集楓糖漿、魚類和鳥類的遷徙，養兒育女也有它特定的季節。這些節期由上帝所訂，人類不得任意更改。

每個季節都是按時間先後順序而訂立，就像地球有四季，而農人在每一季都有需要完成的任務一樣，養兒育女的季節也要求父母們扮演特定的角色，肩負不同的責任。一個農人如果遵從每個農業季節的獨特性來耕種，就幾乎保證豐收。

同樣地，父母們如果遵從育兒季節的獨特要求來養兒育女，就幾乎保證能夠看著子女逐漸成長，最後成為負責任的成人，並從中得到豐盛的報酬與滿足感。

服事的季節

養兒育女的第一個季節就是服事的季節，從出生一直持續到孩子約兩歲為止。在起始的第一個季節中，父母就像是孩子的僕人，因為他還無法自立、無法預測自己行動的後果。他的依賴與無知狀態（但可不是缺乏智能，別搞混了！）要求父母必須把他放在注意力中心，無時無刻圍繞著他，看守著他的一切，為他做東做西，包括檢查他的狀況、餵食、摟抱、換尿布、哄他、滿足他的需求、為他拿東西等等。

這個季節有三個目的：

●讓孩子安穩地「根著於」這世界，也就是讓他確信自己屬於這個地方，明白這裡有著愛他的人，無論遇到什麼樣的情況，他們都會妥善地照顧他。

●滿足孩子基本的生物需求，也就是就是讓這孩子活下來並順利成長。

●盡一切人事，避免這孩子受到自己的傷害。

無論何時何地，母親始終是這個季節中孩子最主要的僕人，過去是，現在也還是（儘管過去和現在都存在著例外，但個別例外並未明顯危及這歷史的定則）。而父親，即便是渴望高度參與這個孩子成長時期的父親，則只能置身事外，看著妻子在孩子四周忙碌來去。他扮演的是妻子的「教養助理」角色，就像老師的教學助理一樣，丈夫的工作是協助妻子，並在她需要休息時暫代一下她的位置。由於父母們這時期的生活以孩子為中心，因此，在養兒育女的初期，他們的婚姻生活只好先「得過且過」（有些人會注意到，這裡所說的圍著子女打轉的母親，以及扮演「教養助理」角色的父親，和我之前談到的有些落差，對此我有個簡單的說法〔引自〈傳道書〉第三章第一節〕：「天下萬物皆有定期。」但並非永遠不會結束）。

在這個時期裡，一個嬰兒或剛學走路的孩子或許語言能力尚未發展完全，但他已經有了高度的智能。對於他的小宇宙（他到目前為止所參與的唯一世界）中事物的運作，他會得出一些表達不出來的結論，其中一個結論是：在這個世界裡他的母親要聽他使喚，而他的權力和威嚴可以支配她。他用哭來驗證這個結論，只要他一哭，他的母親就會出現，然後聽從他的命令，搞定讓他不開心的任何大小事情。

老祖母明白，儘管她的服事是必要的，但是她也正在慢慢地創造出一頭野獸。如果她沒有讓這個季節及時結束，那麼她很可能會養出一個被寵壞的小傢伙；這個孩子會以為世界就像她母親一樣，都是繞著他轉。老祖母了解，在萬不得已的情形下，她已經讓孩子以為自己有權支配她，以為她是為他打雜的；所以她必須立即行動，矯正這個錯誤的印象。因此大約在孩子過兩歲生日、變得更有能力為自己做一些基本的事時，老祖母就會開始進行一個關鍵的轉換，也就是從子女教養的第一個季節邁向第二個季節。在正常的情況下，這樣的轉換需要約一年的時間。無疑地，這是親子關係最關鍵的一個時期，也是建立先例的時期，未來的一切就要看這場仗進行得怎麼樣。

母親必須開始照下面的步驟走，才能帶來轉變：

- 教育孩子，並期望他能自己完成一些她過去幫他做的事，例如自行去廁所而不再使用尿布、自己喝水和拿小點心吃、自己穿衣服、自己把玩具撿起來等等。
- 在自己和孩子中間劃定一條界限，不准孩子隨時接近母親——例如在幫他做某件事之前，訓練他等待，拒絕抱他（告訴孩子她正在忙其他的事情）；當她正在做其他差事時，叫他到別的地方。

● 從原本高度參與孩子生活，逐漸減少參與度，重新高度投入與丈夫的關係之中，並解除丈夫的教養助理任務。

領導與權威的季節

大自然轉換季節時總會給人帶來一些不適，子女教養的季節轉換也一樣，希望季節永遠停留的孩子會出現不少抗議行為。誰能怪他呢？誰不希望一直有個僕人服事自己的生活？但如果母親堅持到底，那麼到了孩子三歲生日時，他將會用一種全新的眼光來看她：在他眼中曾是個僕人的她，現在已經成為讓人畏懼的，不可小看的權威人物。母親的注意力曾經以孩子為中心，但現在她才是中心。她會堅持讓孩子自己完成愈來愈多事情，堅持孩子要給她「空間」做自己需要和想做的事（包括休息，什麼也不做），並清楚地讓孩子知道，她和父親的關係勝過她和自己的關係。於是領導和權威的季節開始了，在這個時期裡，父母的工作就是領導、管理這個孩子，讓他㈠服從他們的管教（成為他們心悅誠服的追隨者）；㈡接受他們的教誨，並逐漸培養自制的態度，以便能夠負責任地管理自己。

這並不表示在第二個季節期間，父母絕對不應該服事自己的孩子。事實上，總會有一些萬不得已的情況；儘管服事是第一個季節的慣例，但從這個季節開始，它應該要成為例外才對。

指導的季節

從三歲起到十三歲為止，第二個季節會持續十年之久，才會（或說應該）出現第二次的轉換期，將父母和孩子帶進第三個季節，即指導的季節。在許多傳統文化中，早期青春期的通過儀式——猶太成年禮即為現存的例子——都是在孩子十三歲時舉行。這些儀式慶祝的意義，是親子關係的一項重大轉變。他們承認這個十三歲的孩子已經完成了第二個季節的紀律「課程」，現在已經有自我管理的能力。他不再需要成人告訴他什麼該做、什麼不該做；相反地，他需要成人導師協助他獲得成功自立所需的實用技能，包括如何應徵一份工作、平衡預算、計畫自己的未來等等。

友誼的季節

孩子能夠成功地自立，就代表第三個季節結束了，那也是父母積極教養子女的最後

季節	子女年齡	父母角色	教養目標
服事	出生至兩歲	僕人	確保孩子安全
領導	三至十三歲	權威者	讓孩子能夠自我管理
指導	十三至十八／二十一歲	導師	讓孩子自立
友誼	自立	朋友、諮詢者	成為孩子的益友

一個季節；緊接著，第四個，也就是友誼的季節開始了。這是最後一個季節，也是最能獲得報償的季節，孩子的父母現在只在生物意義上扮演父母的角色，現實中，父母和孩子把彼此視為同輩。年輕的同輩或許會向這對年長的同輩尋求指引，但是這就和一個朋友向另一個朋友尋求建議一樣。在第三個季節中，大部分的指導是由父母主動提供的，現在卻大多由他們的孩子主動提出諮詢。

在這個子女教養的季節模式架構中，孩子自立的時間相對提早了。在莎士比亞的時代，男性在十八歲時就已經完全自立了。而一直到一九七〇年代，孩子成功自立的平均年齡則是二十歲。但今天，孩子自立的平均年齡已經接近二十七歲，而且許多年輕人（所謂的「還巢兒」）在最後真正自立前，都還曾經歷過多次毫無結果的嘗試。從莎士比亞的時代到一九七〇年代的這四百年間，男性自立的平均年齡僅增加了兩年，但是在接下來的三十年內，平均年齡卻增加了將近七年。很明顯地，某件事不對勁了。

季節的崩毀

這些年以來，子女教養已極少按照它自然的季節腳步進行，但其實，直到一九六〇年代前，人們都還是遵守著這樣的原則。全面性的季節崩毀徵候出現了，這些顛倒自然秩序的現象包括：還巢兒出現及自立時間愈來愈晚；不懂尊重、自毀傾向、憂鬱、不負責任的青少年；早過了學步兒年齡卻仍表現出學步兒性格（注意力期短暫、易衝動、低挫折容忍度、無法延遲滿足、易怒、藐視權威等等）的孩子。

季節崩毀出現在孩子兩到三歲生日之間，那時一位母親必須開始進行第一與第二個季節的轉換，然後和她的丈夫重新恢復夥伴關係，並堅持直到轉換完成。她必須做的事情有：㈠轉換角色（在絕大部分情況下）：從僕人變成權威者、紀律維持者、領導者，以及㈡解除她丈夫的教養助手角色，並且成功地和他「重新結合」。在五十年或更久前，這樣的轉換可以進行得相當平穩、確實，但今天卻極少出現。老祖母擁有來自傳統文化所需的一切支持，可以執行孩子生命中的這個大工程。但今天的母親卻失去了支持。

新好媽媽

今天有太多的母親，遵奉的是一套叫做「好媽媽」的新標準。

●不只服事兩年，而是一輩子——隨著孩子成長，她會找到愈來愈多的方法來插手孩子生活、向孩子顯示自己對他的永久奉獻。

●永遠讓孩子占據她的注意力中心、把他擺在心裡的第一位——就算孩子已不在她的身邊。

●高度參與孩子生活中的幾乎所有領域。

簡言之，在不知不覺中屈服於文化壓力下，今天典型的母親被困在第一階段中出不來。她變得一心一意地跟孩子結合在一起，就好像她曾在婚禮那天許下誓言：「我願你做我的丈夫，直到孩子拆散我倆。」由於她將服事孩子當作成為一個好母親最要緊的事，於是她讓自己沒有能力領導孩子，並使她服從於孩子的威信。

在不同的領導情境中，領導的原則都是一樣的。一個好的企業執行長和一個好的軍隊領導人擁有同樣的特質。無論在什麼領域，一個有力的領導者可以：

- 做出不得人心的決定並堅持到底。
- 賦予責任，以便挑戰屬下的能力。
- 在自己與被領導者之間設定界限。

同樣的特質，也可以創造出一個好的子女領導者。如果一個企業的執行長沒有始終堅守上面的原則，可能就無法盡責、有效地宣示威信。為人父母也是同樣的道理。不幸的是，好媽媽的新標準使得一位母親只能做出滿足孩子的決定。畢竟，一個僕人的工作就是取悅人和討人喜歡。如果今天的母親做了個讓孩子不悅的決定，她可能會把孩子的不悅，詮釋為她做錯了決定，因而改變主意。

這個新標準，事實上是在要求一位母親成為執著於細節的人，永遠在趕赴一次又一次的任務，確定每件事都照原訂計畫順利進行。曾經在不久以前，孩子幫忙他們的母親做事。即使一個孩子才剛三歲，他的母親就會開始分派家事給他。到了他四歲時，他為母親做的幾乎和母親幫他做的一樣多。到了五、六歲時，他會幫母親做更多事。而今天的母親卻深信，無論孩子年紀多大，為孩子做愈多事就是愈好的母親。因此，今天典型的七歲孩子不但什麼家事都不必做，媽媽甚至還每天幫他做功課（一個好媽媽的新標準）。

新標準不准母親在自己和孩子之間設定界限。它說好媽媽必須高度參與孩子的生活，而且參與度愈高愈好。在這樣的情況下，今天的母親不可以拒絕孩子接近她，而且是任何情況下都不可以。如果他需要母親的注意，她就得放下手邊的工作，給予他想要的關心。如果孩子要求，她甚至得和孩子一起睡！

就像她那一輩典型的母親一樣，我的母親會毫不猶豫地把我從身邊趕開，甚至告訴我，如果她正在做某件不能分心的事，我就不准和她待在同一個房間裡。小時候她經常警告我，如果我不能找點事情做，讓她安靜一下，她就會找事情來讓我做。從這點來看，我母親的做法在她那一輩人當中是很正常的。而今天的母親，光想到要告訴孩子自己正在做的事，比他要求母親去做的還重要，就會感到害怕。

我記得我母親告訴過我：「約翰．羅斯門，你現在不需要一個媽，而我也不打算再當你的媽。」她說這話時態度平靜，沒半點說笑的樣子，所以我知道她是認真的。當我把這件事和我同年齡的人分享時（我是一九四七年出生的），他們都會想起，自己的母親也告訴過他們類似的話。

時至今日，已極少有母親有辦法讓自己說出類似「你現在不需要一個媽，而我也不打算當你的媽」的話了。那些心理學鬼話專家讓她們深信，這類的談話會造成孩子的心理崩潰，產生「依附障礙症」（attachment disorder）或「結合問題」（bonding issue），使得孩子質疑母親對她的愛，讓他的自尊陷入混亂的情況，或是引發所有以上狀況。專家們成功地在她們的腦袋中植入一堆「心理學怪力亂神」，造成她們恐慌不斷：只要在子女教養的路上走錯一步，她的孩子那想像中極脆弱的心理就會毀於一旦。

引人深思的小故事

我結束在夏洛特（Charlotte）的一場演講後，正要離開演講會場時，一位老婦人叫住了我，她說：「我懂了，約翰！」她告訴我，她有個三十多歲的女兒，是個女性主義者和單親媽媽，以及公司第一位女性高層人員。她說：「現在我懂了——為什麼她白天可以在大人面前自信地展現威信，晚上回到家卻得聽我那四歲大的孫子發號司令。」

在這樣的情況下，今天典型的媽咪們根本沒辦法向孩子平靜、認真地宣示她的威信。她被一個難題給困住了：一方面，她必須高度參與孩子的生活；但另一方面，她又必須給孩子適當的管教。這兩項任務根本就是死對頭。於是，今天的母親在試圖管教子女時受到了挫折，遇到的管教問題遠遠超過她祖母的想像。因此，現代教養最大的兩難是：女性在軍隊、教育、各種專業、工作場所和教堂中都可以宣示擁有權威，但遇到孩子的事情時，她們卻自願放棄權威。五十年前的女性不像今天的女性擁有這麼多家庭以外的機會，但是她卻在子女面前展現強而有力的權威。我認為今天的孩子沒有培養對女性權威的尊敬態度，這個現象，在不久的未來將會成為我們擺脫不掉的夢魘。

更糟的是，這位好媽媽的丈夫同樣也沒脫離他在季節一所扮演的角色，又讓問題更加複雜化。他的妻子（實際上是他的前妻）成天繞著孩子打轉，直到早過了該結束的時候。她困在孩子僕人的角色中，於是他也被困在教養助理的角色中。他可能會努力進入和孩子的親密關係之中，以彌補失落與妻子的親密關係的缺憾；於是，美國父親的新理想形象是成為孩子的**最佳夥伴**。

注意力缺乏家庭障礙症？

結果是，今天有許多孩子是被一個僕人和一個夥伴帶大的。不用說，這些情況無助於成功的管教，因為成功管教的關鍵只有一個：孩子的注意力要在父母身上。就像注意力在老師身上的孩子，老師就能教得比較輕鬆，注意力在父母身上的孩子也不需要父母花太多心思來管教。但有個不變的道理是：**父母花愈多注意力在孩子身上，孩子就愈不把注意力放在父母身上**。就是這樣！

孩子到了三歲時，在關於他和父母的關係上，他會得出下面的兩個結論之一：

結論一：我的職責就是注意父母的一切。

結論二：我父母的職責就是注意我的一切。

父母可以相當成功、而且輕鬆地管教得出結論一的三歲小孩。他已經知道注意父母是自己的職責。他的父母藉由從季節一到季節二的轉換，讓他明白了這件事。他們不再扮演僕人和教養助理的角色，而是擁有威信和領導力的夫妻團隊。因為他們支配了孩子的注意力，因此甚至根本無須要求孩子的注意。而且由於父母是孩子注意的對象，孩子就會服從。事情就是這麼簡單。

但另一方面，如果孩子仍深信父母的職責就是注意他的一切，父母就無法成功地管教他。讓我們重複強調一點：他們**辦不到**。因為這個得出結論二的孩子，在他才三歲時已經得了注意力缺乏的毛病。提醒你，這不是什麼注意力缺乏障礙症，因為他本身一點問題也沒有，但這個家裡肯定是出現了失調狀況。他的父母會說些類似：「他不聽我們的。」「我們得大吼大叫他才會注意我們。」以及「我們得重複好幾次，而且直接站到他面前，他才會做我們要他做的事。」對，他是有注意力缺乏症沒錯，但不是因為生化物質失衡或是某種大腦功能障礙。這種注意力缺乏症是太過好心的父母們造成的，因為他們認為，花愈多注意力在孩子身上就是愈好的父母。

不幸的是，今天大多數的三歲小孩找不到得出結論一的理由。而更不幸的是，當他們四歲、五歲、六歲、七歲、九歲或十二歲時，還是一樣得不出結論一。於是，今天典型的父母根本還沒上完季節二的課程，就來到了季節三。他們不管理孩子，他們服事孩子、跟孩子搞夥伴關係；於是他們的孩子就學不會成功自我管理的基本原則。他不尊敬權威，因為一個人無法從僕人和夥伴的身上學到尊敬權威。他也沒培養出忍耐、自制、容忍挫折或堅持原則的能力，而這一切都是有效的自我管理所必需的。

於是在缺乏上述能力的情況下，他步入了青少年期，他對父母的價值觀毫無忠誠度，毫無抵抗同儕團體壓力的能力，而同儕團體的第一條聲明就是：順從任何成人權威，是不「酷」的行為。於是這個已經很任性的孩子變本加厲，更不尊重父母、拒絕服從他們的規矩、跟不對的人群廝混⋯⋯。父母變得越來越焦慮、憤怒及感到罪惡。他們開始想像最糟的狀況——嗑藥、犯罪、輟學。事實上，這些全都是可能發生的。

而在嘗試談判、妥協（但全都徒勞無功，因為恐怖份子總是得寸進尺），以及疾言厲色的談話之後，幾乎無可避免地，他們會試著以強迫管教來遏止這場迅速擴大的叛變，這個方法或許適用於季節二，現在卻被用在季節三的孩子身上。問題是，季節二的管教就是只在季節二才管用，在季節三幾乎行不通。這個錯誤的方式讓孩子的反叛行為變本加厲，而父母最後也進入了全面開戰狀態。

我一而再、再而三地聽到同樣的故事。事實上，這本書沒有一個讀者不認識正處在上述情況中的父母。我們相信那些具備醫生、博士頭銜的專家們說的話一定有道理，所以我們只好付出誤信人言的代價。

「你從來沒有門禁？」

我曾問過八十歲左右的繼父：「老爸，當你十三歲的時候，你的門禁時間是什麼時候？」

「兒子啊，我從來沒有門禁耶。」他回答。

「你要在外面待到多晚都可以？」我難以置信地問。

「不是，兒子，」他說，「我從來沒有想過要在外面待多晚。我知道什麼時候該回家。」

「但是，老爸，如果你知道什麼時候該回家，你就有門禁啊。這就是我想問的。那是幾點？」

「兒子，我知道你在問什麼，」他說，有點兒惱火。「我是老了，但還不到不中用的地步。我說了，我沒門禁。」

「那你怎麼知道什麼時候該回家？」

「兒子啊，」他說，因為自己的兒子竟然不明白這麼基本的道理而有點火大，「如果你長到十三歲還不知道什麼時候該回家，那你肯定是個笨蛋。」

我曾經和我老爸那一輩的其他人，男的、女的，談過門禁的課題，他們大部分都告訴我，他們小時候也沒門禁；就跟我爹一樣，他們知道什麼時候該回家。當他們十三歲時，多虧父母在季節二扮演孩子的領導者角色，因此他們已經順利完成了那個季節的課程。他們自己給自己設的「門禁」，考量的並不是自己的好處，而是為了尊重他們的父母。他們可以自我管理——但可別搞混「自我管理」（self-government）與「自我決定」（self-determination）。

自我決定是一種自我崇拜（self-idolatry）的信念，相信自己是個無所不能的人，相信自己知道什麼才對自己最好，而且認為自己有權做任何想做的選擇。亞當和夏娃，再靠著蛇的一點幫忙，決定他們可以自己做決定。今天，這樣的人越來越多，從「你的真實內在」這個已氾濫的說法中可以看得出來。另一方面，自我管理則是建立在尊敬他人、尤其是尊敬正當性權威的堅實基礎上。若沒有服從正當性權威及所謂正確的價值，就不可能有確實的自我管理。

這正是我們在同意後現代心理學式教養時所失去的：自願服從於正當性權威的孩子們會做對的事，理由是這樣做是對的。這是壞消息。好消息是我們可以一起找回來，但是下山容易上山難。你準備好了嗎？

團體討論或個人反省的問題

一、在一張紙上畫四個欄位，分別塡上㈠孩子㈡年齡㈢應在季節㈣實際季節。接著塡入你每一個孩子的狀況。你和你的孩子進入應該進入的季節了嗎？或者是你已經和孩子一起被困在季節一裡面了？

二、如果你和孩子（滿三歲的孩子）一起困在季節一裡，拿出第二張紙並寫下「被困住」是怎麼樣的情形？哪些事是你的孩子有能力自己完成，而你卻幫他們做的？你怎樣表現得更像個僕人，而不是權威者或指導者？

三、如果你和孩子一起被困在季節一裡，你可以也應該特別做哪些事，好讓你們脫困呢？對他們生命中出現的這個變革，你認爲你的孩子會有什麼反應？如果他們不喜歡，這對你來說很重要嗎？如果答案是肯定的，原因爲何？

四、什麼社會壓力讓你被困在第一個季節裡？對於同儕認可的依賴，在什麼程度上影響了你，使你繼續把所有孩子當成季節一的孩子？是否幾乎你所有的同輩人（如果不是全部）都這麼做？你願意走出這個「教養行列」，做自己的主人嗎？這樣做會對你造成什麼樣的社會後果？你是否願意聳聳肩、不把它們當回事地堅持下去，對抗這些結果直到獲勝？

五、你在幾歲時開始自立？在你的理想中，你希望你的孩子在幾歲時自立？你每個孩子目前都正順利地朝這個目標邁進嗎？如果答案是否定的，你必須怎麼做，來讓這個過程重新順利進行下去？

六、在你和每個正處於季節二或三的孩子之間，你是否強制設定清楚的界限？如果答案是否定的，孩子有什麼問題行爲可以歸咎於缺乏這道界限？從今天開始，你需要特別做哪些事來建立界限？

七、你的每個孩子到了季節二年齡時，得出的是結論一或結論二？如果是結論二，從今天開始，你需要做哪些事來糾正他們缺乏注意力的毛病？

八、你是否願意從今天起就開始這場革命？如果答案是否定的，你有什麼藉口？

管教是今天的父母最大的夢魘，也是他們相信行為矯正技術的原因。他們相信行為矯正的方法，但問題在於沒有什麼方法可以矯正觀點。此外，也沒有什麼方法可以在缺乏正確觀點的情況下長久發揮作用。另一方面，有正確觀點的父母不管什麼方法都管用。唯一正確的觀點就是《聖經》的觀點。《聖經》告訴我們孩子的本性，也告訴我們如何適當地管教他們。而一點也不令人意外，《聖經》所說的跟行為矯正技術毫無關係。

第九章
《聖經》的管教原則

要專心信賴上主，不可倚靠自己的聰明。

——〈箴言〉第三章第五節

關於孩子的教養，《聖經》提供了許多非常中肯的建議和教誨。正如《聖經》告訴我們的，由於孩子一出生即帶有原罪，因此適當的教養十分重要。誰都不需要教孩子如何使壞，他們自然就會行為不良。在任何情境下，由於人性使然，孩子都傾向做錯事，而不是做對的事；做有利自己的事，而不是利他的事。若要將孩子扶養成品格良好的人，以確保孩子能夠永遠做出正確的行為，則長輩就必須對孩子示範其正面影響，這是很重要的。而尊重他人及自己，就是正確行為的方式。以下十條來自《聖經》的管教原則，加上支持這些原則的《聖經》經文，對於了解養兒育女的正確管教原則絕對非常重要。

原則一：愛之深，責之切

上主管教他所愛的人，正像父親管教他的嬌兒。（〈箴言〉第三章第十二節）

一九七〇年代時，我曾是第一個教養學者，主張一個家庭的運作方式必須像個仁慈（benevolent）的獨裁政權（dictatorship）。我的用意是要傳達一件事：恰當的教養是由強而有力的愛與領導所構成，兩者份量相當。仁慈這個英文字的拉丁文字根意思是「為了……好」，而獨裁者（dictator）這個英文字的字根則是命令、指揮（dictate），只是用權威方式說話的意思。我認為這個詞正好捕捉到好的教養的精髓，但我很快發現，許多人，尤其是教育兒童及工作中必須與兒童相處的專業人士，只聽過「獨裁政權」，卻不明白它的字源由來。因此造成盲目的反對，大聲咆哮和粗野無禮的行為也伴隨而來。我試圖為自己辯解卻徒勞無功，在這過程中我逐漸了解，這些人認為光用愛就足夠培養出一個有用的孩子。無論我用什麼詞來代替權威的領導，這些理想主義者都會嚇到抽筋。

一個人說他**愛**另一個人，沒問題，很好，但一門愛的專業如果缺乏行動的證明，那就毫無意義可言。就父母之愛來說，適當的教養正是這樣的一種證明。《聖經》說，信守原則正是父母喜愛子女的表現。父母愈是喜愛子女，他們的管教就會愈有效力，就會愈喜愛子女。《聖經》上也說，恰當地管教子女的父母是在做神的工作。不用說，沒有什麼別的工作可以給人帶來更大的滿足感了。

原則二：沒人喜歡懲罰，但它對被懲罰的人會帶來好處

我們受管教的時候，會悶悶不樂；可是後來，那些因受管教而經歷過鍛鍊的人能夠結出平安的果子，過著正直的生活。（〈希伯來書〉第十二章第十一節）

〈希伯來書〉的作者說沒有管教會討人喜歡時，他指的是懲治性的管教，基本上說的是，如果懲罰對那個被懲罰的人來說不痛不癢，那麼懲罰就不會有效果了。

兩代以前，當孩子為非作歹時，父母會毫不猶豫地讓他們吃到苦頭。但後現代心理學式教養卻強調保護孩子自尊的必要性，因此造成一個教養上的難題：父母(一)嘗試要在懲罰孩子犯錯的同時(二)避免造成孩子的心靈受創。這兩種努力根本是相互抵消的。結果是孩子的反社會行為愈來愈不受控制（而且愈演愈烈），父母們嘗試管教時愈來愈挫折，心理健康專業者的生活則愈過愈舒服。

原則三：適當的懲罰是必經之路

因為主管教他所愛的每一個人，鞭打他所收納的每一個兒子。（〈希伯來書〉第十二章第六節）

一九七〇年代中，我為了成為合格的「正向教養」（Positive Parenting）指導員而修了一門課。當時我的長子七歲，而我才剛開始醒悟——我在研究所時學到的大部分知識都是毫無用處的。

在這個為期一週的課程開始後兩天，我明白這門課所教的「管教」根本不是什麼管教，而是談話、說理跟解釋。我問教授這門課的心理學家，為何在他的講課和上課資料中，**懲罰**這個詞明顯消失了。他回答說懲罰會降低自尊，並且讓行為問題變得更糟糕。「懲罰犯錯不是種表達關愛的方式。」他說。好吧，不過《聖經》說適當的管教包括懲罰，運用得當會是種愛的表示。你要相信誰的說法呢？

原則四：真正的孩子必須接受管教

如果你們不像其他的兒子接受管教的話，你們就不是真兒子，而是私生的。（〈希伯來書〉第十二章第八節）

這是什麼意思？如果一個孩子沒被管教，他就不是父母真正的孩子嗎？這是很嚴重的一句話。意思是說，沒好好管教孩子的父母是犯了兒童疏忽罪（child neglect）。而最近這些年，美國法院時常因父母疏於照顧兒童而裁判中止親權。事實上，〈希伯來書〉的作者想說的正好和法院認定的一樣：無論是以什麼樣的方式表現，父母疏忽兒童都是不當的行為。他們沒有向孩子確認他是自己真正的孩子。正如一個成熟的成人是透過自己的信仰，證明（確認）他是上帝真正的信徒一樣，一個孩子透過父母的適當管教，也能證明他有資格成為社會的一員（一個有用的公民）。

原則五：服從的孩子使父母常樂

管教兒子，他會使你終生平安喜樂。(〈箴言〉第二十九章第十七節)

每個人都認識一些父母，他們的孩子非常不聽話、沒禮貌……。他們有寧靜的生活可過嗎？他們會以擁有孩子為樂嗎？上面這兩個問題，當然都只是修辭性的疑問。能夠滿意自己身為父母的角色並樂在其中的父母，他們的孩子對人恭敬、有禮貌而且服從長輩。反之亦然，有個不變的定律是，那些持續處在壓力、憤怒和憂慮下的父母一定有行為不佳的孩子。這類父母們深信孩子的犯錯造成他們的壓力，但這種信念只是在否認事實。

真正的問題是他們沒有給孩子適當的管教。《聖經》清楚地告訴我們，如果要讓孩子為父母帶來平安而非混亂，就要給孩子適當的管教。換句話說，無論父母給孩子帶來的是平安還是混亂，都要看他的父母怎麼做。教養出「好孩子」不是在擲宇宙骰子，結果好壞全憑「運氣」——某些父母就是這麼認為。但行為良好的孩子不是偶然，他們是父母教出來的。

原則六：孩子要聽父母的話

作兒女的，你們要事事聽從父母；因為這是主所喜歡的。（〈歌羅西書〉第三章第二十節）

神希望和人建立關係，但人和神的關係需要自律。而由於適當管教孩子的父母就會教出自律的孩子，這孩子於是擁有了成為神國永久子民所需的美德。難怪聽話的孩子是上帝所喜歡的。因為這正是祂唯一希望的！

原則七：服從將為孩子帶來福氣

年輕人哪，要聽從你父親的訓誨，不可忘記你母親的教導。他們的教導，像戴上華冠，更顯出你的品格；像帶上項鍊，使你更俊美。（〈箴言〉第一章第八至九節）

當做父母的說：「我真希望孩子聽我的話！」（我們都聽過為人父母的這麼說）時，他的願望是不會實現的。首先，孩子不會答應大人的願望。其次，因為那個父母希望孩子為了**他的**好處而聽話，好減輕**他的**挫折、壓力，讓**他**內心平靜。但《聖經》卻清楚表示，儘管父母因為孩子表現良好而喜悅，但行為良好的福氣主要還是會回到孩子自己身上；好禮貌就像好的珠寶，總是為「穿戴」上它們的人增光。

原則八：最聽話的孩子是最快樂、最自重的孩子

拒絕接受管教等於傷害自己；聽從規勸便是求取智慧。（〈箴言〉第十五章第三十二節）

最快樂的父母總似乎有最聽話的孩子，而最聽話的孩子是最快樂的。服從的人身旁總是散發著快樂的氣息，大部分原因是，聽從正當權威不僅表示一個人尊敬權威者，還表示他是個自重的人。

不服從的人不管在哪裡總是很難快樂。他們忿忿不平、鬱鬱寡歡，他們是「鄙視自己」的不滿現狀者。不尊重權威的人也缺乏自重。

加州大學的戴安娜．鮑倫（Diana Baumrind）博士所做的研究，證實了服從與快樂間的關係。在一項為期三十年的教養成效研究中，鮑倫博士發現，在適應量表上取得高分的孩子，比較可能擁有遵守傳統教養模式的父母。就管教來看，當孩子做錯事時，這些父母會毫不猶豫地懲罰他們，甚至體罰。（雖然說體罰只是偶一為之，不是慣例）。

原則九：就永恆的意義來說，缺乏管教會導致死亡

脾氣急躁的人讓他自食惡果；你要幫他，對他反而有損。（〈箴言〉第十九章第十八節）

管教帶來希望。沒有保證，只有希望。適當管教可以讓一個孩子走上正確的道路，但是否持續下去或能否迷途知返，全都得看他自己。父母的適當管教只是讓孩子擁有更好的自制力而已，他得堅持走在通往永生的窄路上，與它相反的那條路則是通往死亡。父母們！把希望的禮物送給你的孩子！

原則十：教養是通往永生之道

他們的訓誨是亮光；他們的管教指示人生的道路。（〈箴言〉第六章第二十三節）

耶穌曾做過一項大膽的聲明，祂說祂是「道路、真理、生命」（〈約翰福音〉第十四章第六節）。透過耶穌，我們被賦予永恆的生命。而在〈箴言〉中，我們則被告知兩件事：教養是通往生命的道路，缺乏教養最終會導致死亡。這正是管教之所以重要的原

因，**不僅對我們的此世關係重大，而且對彼世也一樣重要。**一個父母能給予孩子的最偉大禮物，就是適當的教養。阿們！

團體討論或個人反省的問題

一、你對自己孩子的行爲期待，是否和你的父母在你同樣歲數時對你的期待一樣？如果答案是否定的，是什麼社會和文化的影響力造成你有較低的期待？

二、當你的孩子行爲不佳時，你在懲罰方面是否會退縮？如果是的話，原因爲何？你是否擔心你的孩子將帶著對童年時期的負面記憶成長？你是否憂慮這樣做會降低孩子的自尊心？你是否害怕你的孩子把懲罰詮釋爲你不愛他？你是否希望孩子喜歡自己？你的父母會擔心所有這類的事情嗎？你是否一直知道父母是愛著你的？你是否有個快樂的童年？

三、你的孩子是否知道上帝希望他們服從你？你是否讀過〈歌羅西書〉第三章第二十節以及〈箴言〉第一章第八節給孩子聽，並和他們討論爲何服從是很重要的？

四、你是否經常爲了你的好處而希望孩子聽你的話，好讓你的生活好過些？如果是的話，要是你管教孩子時總是出於爲他們的利益著想，而不是想到自己，那麼你的管教方式會有什麼樣的變化？

五、你的權威是否反映了上帝的權威？你是否是個「像神一樣」有威信的父母？如果你不確定自己該如何回答這兩個問題，你需要做什麼，來使你在孩子面前擁有像上帝對人行使的那般權威？

第十章

以領導力教養兒女

不懲戒兒子就是不愛他；疼愛兒子必勤加管教。

——〈箴言〉第十三章第二十四節（新普及譯本）

今天的父母深信行為矯正技術，少有例外；他們相信如果運用得當，正確的懲罰可以矯正一個孩子的劣行。在第二章中，我說明了行為矯正技術在動物身上管用，但卻不適用於孩子（或任何年齡的人類，就這件事來說）。我們的問題於是變成：什麼樣的教養方式在孩子身上管用？在我回答這個十分重要的問題前，我建議你翻回第二章並重讀一次，但如果你寧可省事，以下是精簡的回顧：

●後現代心理學式教養的建立者之一——史金納教授，提出人類和動物均服從於同樣行為法則的看法（身為無神論者，史金納認為人類是動物）。一九六〇年代時，媒體將他的理論推廣給大眾，從那之後不久，人們就開始把「行為矯正技術」和「教養」混為一談。

●行為矯正技術是人們用來訓練動物完成某項任務，或是以可被接受的行為（抓門）取代無法被接受的行為（尿在地板上），透過獎勵和懲罰的操弄來達成目的。無疑地，這門技術在馬、狗、老鼠、鴿子，甚至阿米巴蟲等動物的身上都十分管用。

●證據顯示，當以人類為對象時，行為矯正技術便缺乏可靠性。正確的懲罰可以改變一隻狗的行為，但人類小孩，即便是個剛學步的孩子，也擁有動物所沒有的兩種特質：自由意志與造反的天性。這些獨一無二的特質，使得孩子會做出動物不做的事：他們會否認懲罰對自己的人生有任何的影響力或重要性，即便那是很嚴重的懲罰。

- 運用得當時，懲罰會**迫使**動物不得不改變自己的行為。因為動物沒有自由意志，牠們在這件事情上是沒有選擇的；因此行為改變是好或壞，全都操之於操弄動物的人。
- 懲罰造成人類會做出**選擇**，卻不一定總是往好的方向。在人類身上，「正確的」懲罰可能反而會造成反效果。有時，在遇到強力的懲罰之後，一個人可能會更下定決心抗拒所有想操縱他的企圖。大多數父母都曾經從孩子的行為上看見這個特質。當考慮的對象是孩子時，懲罰是否帶來行為的改變，不是操之於孩子的「操弄者」，而是孩子自己。一個適當的懲罰或許可說服孩子去做正確的選擇；同樣地，也有可能不會。

行為矯正小組

我有一對夫妻朋友是合格的行為矯正專家，工作對象是自閉症兒童；由於十分專精於這行，因此他們的客戶遍及整個北美[1]。在撰寫這本書時，我這對朋友有個三歲大的孩子。讓他們迷惑的是，行為矯正技術在自己兒子身上竟然不管用。

當孩子出現不良行為時，我的朋友們會處罰他，當他表現得當時，他們則給他獎勵。但孩子卻繼續犯錯。有時這孩子似乎更傾向適用於做錯事，而不是會得到獎勵的事。我的朋友也告訴我，他們在研究所裡學到的那些適用於自閉兒的東西，在自己孩子身上卻沒有一樣發揮效果！

這件事很容易解釋。在一個自閉症兒童身上，自閉症是主要的行為決定因素，當自由意志不再支配行為，或者如同動物的情況，自由意志不屬於行為運作的一部分時，行為矯正技術是有用的。自閉症兒童並非有意識、有目的地表現出造反的態度，但朋友的三歲小孩卻是個反抗者，對自己的所做所為有清楚的意識和目的。他決定要向父母表達他是不受他們控制的——父母在他身上所做的事，沒有一件能讓他服從於父母的權威。而所謂的行為矯正技術，根本對付不了這個學步兒內心吶喊的：「你命令不了我！」

就這點來說，請各位不要誤解，我也認為讓孩子了解事情的前因後果很重要，但了解並不保證帶來恰當的行為。懲罰對孩子而言，只不過是訊息的壓縮呈現而已。懲罰的實際意涵，都應該反映（儘管是具體而微）真實世界對同樣行為的反應方式，這就是成人的世界。以一個拒絕聽從父母指令的孩子為例，在真實世界中，如果受雇者拒絕聽從上級的指示，他或許會失去這份工作。他的生活水準將迅速下降，代表他的生活會愈狹隘。

父母不會把一個目無尊長的六歲孩子從房子裡趕出去，但他們可以、也應該降低這孩子的「生活水準」，並在一段時間內限制他的自由。做法是拿走他的玩具，罰他禁足在房間裡幾天（意思是當他不在學校、吃飯或洗澡上廁所時，都得待在房間裡）。我們只能希望，懲罰中的意義是能夠讓孩子「好好想想」，下次他的父母再給他指示時，自己該怎麼做；但它也可能毫無作用，只有時間才能告訴我們答案。

造反有理

那麼，當懲罰無法發揮作用，父母們做了對的事，但孩子還是冥頑不靈時，他們該怎麼做？他們應該繼續做對的事，也就是說，他們應該繼續讓孩子自食其果。他們不該放棄這場硬仗（下一章中，我將會詳細說明這個課題）。即使孩子沒學到應有的教訓，父母也不該放棄做對的事，也不代表這個懲罰是錯的。說不定，這孩子正因某些讓他無法學到教訓的身心失調問題而受苦，只說明了這孩子是所謂叛變中的「頭號反叛者」。

今天許多的家長在子女教養上所遭遇的大部分挫折，都來自以為「正確懲罰就會產生正確行為」的錯誤信念。這也是心理健康專業者收入的主要來源。當某個懲罰或方法沒有永久改變孩子的行為時，今天的父母們會得出一個結論：他們用錯方法了，因此開始尋找其他有用的懲罰或方法。他們搜尋書籍、雜誌、報紙與網路，然後發現某個地方提到某本書中有某個新方法，他們會試看看，但一陣子之後，新方法又不管用了，於是他們又開始找另一個新方法，如此這般循環不已。幾乎無可避免地，這些父母總會用盡新招數，愈來愈挫折，終於在絞盡腦汁不得其解之後，拜訪某個心理學家。

心理學家會聆聽他們的悲慘故事，然後告訴他們，當一個孩子表現得如此抗拒行為矯正時，就表示孩子在生理方面可能有某個缺陷。他會診斷出注意力缺乏症、對立性反抗疾患、童年期躁鬱症，或是這些病症的綜合。然後這個心理學家會把報告寄給某個精神分析師，而他會接見這孩子三十分鐘，接著得出和心理學家一樣的結論，開立藥方。在這個診斷的過程中，他們甚至連給這孩子做個粗略的身體檢查都沒有；但只要他認定孩子的行為問題導因於生理缺陷，宣稱這是由於「腦內生化物質失衡」（但並未收集並分析腦液）或是「遺傳自父系的左額葉不全」（但沒做過大腦掃描及基因檢測）所造成時，這對父母就會全盤相信這個心理醫師的判斷。

一切都是遺傳惹的禍？

似乎沒有人會問這個問題：如果這些行為問題都來自遺傳，那麼為何五十年前我們從來沒聽說過？在過去的兩代間，帶著嚴重的行為問題入學的孩童人數，已經增加到令人難以置信的地步，但事情還不只這樣。

今天的孩子會做的事，是那些在一九五〇年代養育過兒女的人無法苟同的。舉例來說，在超過五年以上時間裡，與我交談過的每一個幼稚園老師都說過，她最近被某個五、六歲的孩子打了或踢了，或是往他們身上丟東西。這件事跟我所謂的「隱藏性家庭暴力傳染病」有關：三歲以上孩童（表示他們不再是學步兒）經常以毆打父母——通常是母親——來出氣。我們還可以列出更多令人無法苟同的行為：當事情無法如願時，八歲大的孩子會在公共場合大吵大鬧；六歲大的孩子向父母和老師飆髒話；十歲大的孩子會在父母們吩咐他做事情時蓄意反抗。今天的孩子們經常做出這些無法無天的行為，似乎沒有停止的時候。這種現象，是不可能用遺傳來解釋的。**唯一的解釋是：基於兩種全然不同的教養典範的不同教養方式，將會產生完全不同的教養結果。**

我們不但已經知道，後現代心理學式教養和傳統《聖經》式子女教養之道沒有絲毫共通點，事實上，它們根本就是對立的。前者從一開始就注定失敗，後者在數千年以來則始終有用，當它在一九六〇年代及七〇年代初期被廢棄時，也並未顯露衰敗、崩壞的跡象。是的，在心理學教養革命前是有一些壞的父母，但壞父母不全然是壞典範的產物，而是自己的邪惡所造成。《聖經》的典範完美無缺，但無法彌補父母方面的不完美。心理學則不僅不完美，更從一開始就是在製造災難。由於它是建立在謊言之上，因此根本就無藥可救。

引人深思的話

人類是不完美的，因此我們做任何事都不可能盡善盡美；但相較於聽從滿是缺陷的計畫，寧可選擇聽從上帝的完美計畫，這將會成功得多。

從遠古以來，兒童就始終愛調皮搗蛋。我把這稱作亞當與夏娃症候群（Adam and Eve Syndrome，簡稱 AES）：孩子會趁大人不注意時做些大人吩咐他們別去做的事。這是人類的本性；人性是不會變的。唯一改變的是，今天有太多孩子已經不僅止於調皮搗蛋——對自己和他人也都造成了危害。

在五十年及更早以前的西方文明史上，典型的四歲小孩會聽大人的話、負責任、有良好的自制力。那時的父母是怎麼教的？如果老祖母沒用什麼行為矯正技術就能教出乖巧的孩子，那麼她是怎麼辦到的？

這個問題的答案，就在於**管教**（discipline）的英文原義——也就是創造一個原則（disciple）。從這個觀點來看，管教指的是父母將一個任性的孩子轉變為心甘情願的追隨者，這個追隨者會尊敬、信賴他們，贊同他們的價值，聽從他們的領導。達成這個目標的辦法不是透過懲罰，而是要給孩子有力的領導。

現在我們了解了！管教不是獎勵或懲罰的能力，也不是運用方法或操弄行為後果的能力，管教是領導力！事實上這可是個**大**發現，因為定義何謂有力的領導與好的領導者該具有什麼特質，是不會隨著領導情境而改變的。針對在公司或教堂中實施的領導力，也同樣可以應用在子女教養的情境中。換句話說，如果你知道怎麼領導一個成人，就會知道如何帶領一個孩子，也就會知道該怎麼管教他。一個人不可能靠各種行為矯正技術而成為好的領導者，這對孩子也一樣行不通。領導力是一種態度、心態，而不是一套方法。

領導力與表現的方式有關

好的領導者，也就是那些有本事讓其他人**願意**服從的人，卓越之處不在於擅長操縱獎懲，而是在於下列幾點特質：

- 他們或許不贊同你**做的事**，但始終肯定你的**價值**（無條件的正向看待）。
- 他們的領導方式是以身作則，不會期望他人去做自己沒做過或不願去做的事。
- 他們對自己的願景抱持極大的熱情，而且是具有**感染力**的熱情。

●他們透過正面的輔導及鼓勵使人跟隨他們的帶領，方法是協助人們正視自己的內在並發揮出最佳的潛能。而由於他們幫助人們達到自己的最佳極限，人們因此尊敬他們。

●他們具有決策力，願意做出不受歡迎的決定。

●遇到棘手的事情時，他們始終「堅持到底」。

簡言之，好的領導者明白自己在做什麼、知道自己的方向，以及該如何達到那個目的。此外，好的領導者也會表現出絕對的信心，深信他們受託領導的那群人一定會跟隨自己。

我曾對一群父母說過這些話，當時有位家長大聲說：「可是約翰，總有些時候我不知道自己在做什麼、要往哪裡去或怎麼去呀！」

我這樣回答：「重點是你的**表現**。好的領導者會表現出他知道自己在做什麼。當然你不會永遠都知道自己在做什麼，更別說預知結果。沒有一個好的領導者做得到。有時候，領導力是做出能夠帶來希望的預測，但無論如何，一個好的領導者都會**表現**得毫不懷疑自己決定的正確性。」

換句話說，恰當的領導——包括管教孩子——和展現領導的方式非常相關。有力的領導者是果斷的，會展現自信、傳達目的及正面的前景。他們**支配**人們的注意力，**指揮**部屬表現出恰當的行為。而關於後面這項特質，有力的領導人總是能夠以平靜、有自信的方式發號司令。居領導者地位的人——提醒你，父母也包括在其中——如果總是必須**要求**（demmand）追隨者集中注意力在自己身上，要求他們表現出適當的行為，那就表示他們還沒學會**統御**（command）。

領袖魅力

我認識的一位老師，特地要求學校指派全校行為表現最差的孩子讓她帶領，這些孩子讓其他老師束手無策，但她帶領這些孩子時卻完全沒遇到問題。如果你跟我一樣到她的教室裡觀察，你會發現她是運用個人魅力來管理她的班級。她具有**領袖特質**（charisma）。在《新世紀經典美語大辭典》（*The American Heritage Dictionary*）中，**charisma** 的定義是「能激起人們奉獻精神及熱情的**領導者**所具有的個人特質」。這位老師的學生確實很努力地聽她的話，不像之前的其他老師，她可以讓他們對學習產生熱情。因為她的——又提到了這個詞——領導力，最後，這些全校「最差」的孩子成為最棒的孩子。她不是用獎懲的操弄來管理，而是透過她堅定的「目的意識」。舉個例子，當她的班上有個孩子不守規矩時，她會停下手邊的事並看著那孩子，直到他能夠控制自己的行為。然後她會問那孩子：「你想要跟全班同學說些話嗎？」這時這孩子會站起來面向全班同學說：「對不起。」**這就是**領袖魅力！這就是領導力！這就是管教的全部內涵！

在美國的每個學校裡，你都可以找到一個這樣的老師；那些被其他老師放棄的孩子，對這些老師卻不構成管教困難。如果你觀察這些老師上課時的樣子，你不會看見他們用到行為矯正技術。他們運用的是統御技巧，因此從不需要要求。同樣地，那些適當地管教孩子（使孩子跟隨自己）的父母，依靠的也是正確的領導而不是正確地運用懲罰。

想想看！在你認識的父母中，孩子最規矩、最乖巧的父母，極可能也是最平靜、最輕鬆的父母。有些人可能以為，這些人之所以能夠平靜而泰然自若，是因為上帝隨心所欲地庇佑或是有目的地賜給他們「乖巧」的孩子；實情正好相反。他們的孩子就跟其他孩子一樣，也有造反的潛力。他們之所以平靜而泰然自若，全是因為掌握了「領導力教養」的技巧，無論他們是否明白這點。

在《聖經》中，用來表達父母領導力的重要名詞是「棍棒」（rod）。讀者們要是知道《聖經》經文中的「棍棒」並不是指體罰，應該都會大感驚訝，如〈箴言〉第十三章第二十四節說：「不懲戒兒子（譯註：spares the rod，直譯是「吝惜使用棍棒」）就是不愛他；疼愛兒子必勤加管教。」棍棒代表的不是體罰，而是領導力。「不懲戒兒子」指的是父母在領導自己的孩子時怠惰鬆懈。請注意，愛和領導力是密不可分的。真正疼愛孩子的父母不只會無微不至地照顧孩子，還會給他有力的教養及領導。

但我仍然沒有完全說服所有人，是吧？令人驚訝的事不只一件，我卻只說了其中之一——《聖經》中提到的「棍棒」並不是（而且絕不是）代表體罰——然後就又往下說，好像不需要提出一些理由來捍衛這個立場似的。這個立場確實需要辯護，所以，請容許我開始吧。

「棍子」與領導力

當一個非基督徒聽到「基督徒式教養」時，他們可能會直覺地反諷：「喔，那可不是『不體罰孩子、把孩子寵壞』嗎？」儘管是過分簡化，但這樣的聯想也是可以理解的。畢竟，某些最知名的基督徒式教養專家便十分強調體罰在整體教養中所扮演的角色。他們引用（前面提到過的）〈箴言〉第十三章第二十四節，以及〈箴言〉第二十二章第十五節（NASB，新美國標準版）：「兒童本性接近愚昧，用責打可以改變他們。」

由於這個不當的強調，許多基督徒父母都認為上帝特別著重這一點，相信上帝偏愛以體罰的方式來懲罰孩子，尤其是當他們出現不服管教、不尊敬父母的不良行為時。他們更進一步以為，所謂的責打應該使用各種形式的棍棒，包括鞭子、皮帶、甚至船槳。

正如我一位信仰虔誠的知心好友所說的：「很明顯，上帝吩咐父母們要管教子女，而且是用體罰的方式。」

上帝的意思是這樣嗎？

以《聖經》還原《聖經》原意

根據《聖經》學者的說法，要確定《聖經》中的某個字、某個辭彙或句子的真正意思，唯一的辦法就是花時間研究它如何應用在整本《聖經》中。在《聖經》釋義（批判性詮釋）中，一致性透露了意義。正如某位《聖經》學者曾要言之：「以經解經。」當人們將這個釋義原則運用在「棍棒」這個字上時，就會明顯出現兩種截然二分的意義類別：隱喻性與具體性指涉。

● 當「棍棒」作為隱喻時，它前面總會出現英文的定冠詞 the，例如〈耶利米哀歌〉第三章第一節：「我被上帝懲罰，深深體驗到苦難。」（I am the man who has seen affliction by the rod of his wrath.）在這個例子裡，the rod 指的是上帝的公義（righteousness）。

●然而，當「棍棒」這個字的前面出現冠詞a的時候，它總是指一個具體的物體——一根筆直的棒子，可被用來當作測量工具（〈撒母耳記上〉第十七章第七節；〈啟示錄〉第二十一章第十六節）；或是權威的象徵（〈以賽亞書〉第十四章第五節）；或是打穀的棍子（〈以賽亞書〉第二十八章第二十七節），或是牧羊的手杖（〈利未記〉第二十七章第三十二節）。唯一的例外，是在〈撒母耳記下〉第七章第十四節中提到了實體的棍子，所指的是「人的棍杖」（the rod of men）。

比較〈出埃及記〉第二十一章第二十節和〈箴言〉第二十三章第十三節，或許可找到關於這個最令人感到驚訝的差異。前者屬於上帝所立條例，具體指出「凡用棍子擊打奴隸，無論男奴或女奴，以致奴隸立刻死亡的」必須受到懲罰。顯然地，這裡所說的棍棒並不是比喻而已，它是真的棍子。然而後者則寫道：「不可不管教孩童；你用杖打他，**他必不至於死**。」（強調部分為作者所加）。

當人們閱讀這兩個段落時，一定會立刻想問，這裡出現的兩次「棍棒」是否真指有形的物體？而一個可殺死健壯成人奴隸的東西，如何絕不會造成孩子的生命危險？（切記，〈箴言〉第二十三章第十三節可是上帝自己做出的承諾！）要調停這個表面上的矛盾，唯一辦法就是把〈出埃及記〉中提到的棍棒當成物體（**一根**棍棒〔a rod〕來理解，而〈箴言〉中提到的棍棒則當成品質、特性（**這根**棍棒〔the rod〕）來理解。

每當「棍棒」被用在與子女管教相關的地方時，前面都會出現定冠詞the，這表示它的用法是象徵性、隱喻性的——指的**不是**某樣會造成身體疼痛或傷害的東西，造成死亡的機率就更小了。

那麼，它代表的是什麼呢？什麼是「**棍棒**式管教」？隱喻的意義借自具體實物，因此，舉例來說，在「慢車緩緩開來」（there's a slow train coming）這句話中，「慢車」（slow train）被用來隱喻一種強而有力、無法抵擋的力量，帶有幾分不祥的意味。換句話說，要理解這個隱喻，就必須先了解這列正無情地朝某個目的地緩慢行進的火車的具體性質。同樣地，了解棍棒在古時候的可能用法，就可以讓我們了解「棍棒式管教」的意涵。

棍棒的其他說法

在《聖經》中，一根棍棒可能是㈠正當性權威的象徵（例如一位國王的權杖）；㈡筆直的棒子或竿子，用來做為丈量的統一尺度，並確保丈量的正確性；㈢打穀的棍子，用來區分有用的穀物與廢棄的糟糠；㈣一根手杖，用途是將家畜驅趕至某處，並迫使牠們在不同地方間移動。因此當棍棒的用法是隱喻性時，棍棒式教養就㈠源自正當性權威；(二)具有一致性和正確性；(三)可區分行為的好壞；(四)建立界限並強迫做出行動或改變。總而言之，棍棒很清楚地指的是領導力。

「這根棍棒」也被用來指稱上帝的公義，正如〈耶利米哀歌〉（前面提到過）和〈以賽亞書〉第十一章第四節，在這個段落中，作者描述上帝從天降下「口中的杖」（the rod of his mouth），注意到這點，可使我們更瞭解這個隱喻。因此棍棒式教養是公義的，符合上帝對我們的適當管教，也符合祂對我們的計畫；無論成人或孩子，我們都是祂的孩子。

不要誤解我的意思，拜託。我並不是要為體罰這件事的本身辯護，只是碰巧相信適度的體罰可以做為解釋棍棒意涵的適當例子。體罰有其重要性，卻並非管教的代名詞。事實上，在整部《聖經》中，上帝從來不曾規定對孩子進行特定形式的管教。祂只是一而再、再而三地強調，管教要發揮效果，就必須體現某些特質（例如一致性，根據〈申命記〉第六章第六至第七節）、源自某個正當性權威人物，而他必須代替祂行公義。

因此，一位體罰孩子的父母不表示他的管教就是「棍棒式管教」。出於衝動和怒氣發洩的體罰，絕不符合「棍棒式管教」的標準。憤怒、失控的父母行為，也不會符合公義的原則。暴怒是種自以為義，只傳達了自己的怒火，但除了造成孩子的怨恨以外，不可能產生任何效果。保羅在寫給以弗所人的書信中，曾規勸做父親的人不要「激怒」自己的孩子，他所指的正是這類的體罰。當父母們處於盛怒之下時，他們會用激怒孩子的方式對他們做出一些舉動，這就是出於憤怒而衝動行事的體罰。

> 作父親的，你們不要激怒兒女，要用主的教導來養育栽培他們。
>
> ——〈以弗所書〉第六章第四節

我希望，這些對於《聖經》的解讀可以讓父母從狹隘的管教方式中鬆綁，明白這種管教方式是只按照字面上的意思詮釋「棍棒式管教」；我也希望這些解讀能幫助父母，讓他們的管教方式適當地落實於任何特殊的不良行為，以及行為背後的原因。畢竟，說上帝希望父母體罰做錯任何事的孩子，不是太令人難以相信嗎？以上帝的無窮智慧和慈悲，難道會要求父母一視同仁地體罰一個挑釁地拒絕整理自己房間的孩子，以及只是忘了整理房間的孩子？這兩種情況都需要管教，但把同樣的管教方式用在這兩件事情上既不慈悲也不聰明，更別說有智慧了。

了解「**一根**棍棒」和「**這根**棍棒」的差異，也能有助於我們理解教養和懲罰不是同一回事。當然，有時候懲罰自己的孩子是必須的、正確的，而且是做父母的權利，但正如我們即將了解到的，以懲罰方式來表達你的領導力應該要是個例外，而不是常態。

體罰，還是不體罰？

當然，體罰是個爭議性的課題。不幸的是，任何對體罰正反兩面的探討都可能淪為偏激的論點，甚至（或者尤其）專業人士間的討論也不免如此。這種普遍的反體罰論點，是由三個同樣誤導人的主張所構成：

一、體罰可能演變為虐待兒童。

二、體罰教導孩子，如果有人讓你不快，你就可以打人。

三、體罰有許多替代方式，不是非體罰不可。

這些聲明，沒有一個是建立在堅實的科學證據、或只是有趣的說法上，甚至不符合常識。因為這些聲明僅只於情緒化的討論。不幸的是，媒體對於那些聲稱發現戲劇性後果（具有情緒感染力）的體罰研究投注了大量的關注，卻草草略過有不同發現的研究。結果是，愈來愈多人認為體罰是可憎的事。

問題多過解答

我們有個好理由可相信，支持反體罰論點的大多數（如果不是全部）研究，都受到相關研究者本身的意識形態偏見所玷污。最知名的體罰研究，是由美國新罕布夏州家庭研究所（Family Research Institute）的穆瑞．史卓斯（Murray Straus）所執行。史卓斯聲稱，他的研究證明體罰和高度的侵略性、甚至犯罪行為有關。但史卓斯也是主張立法禁止父母體罰的提倡者，當一位研究者成為某個政治目標的提倡者時，想當然爾，他已不具備客觀性。那些由不帶偏見的人，如心理學家羅伯特．拉茲雷爾（Robert Larzelere）所做的研究，則無法證實體罰本身會引發孩子出現後續社會問題。

舉例來說，「體罰會造成孩子認為打人是處理挫折或衝突的方法」的觀點，就找不到有力、甚至傾向對的證據。研究者發現，最具侵略性的孩子反而可能是那些從未被體罰過的人。許多年前的一個研究發現，與兒童的侵略性最密切相關的是父母的縱容。和大多數好的社會科學一樣，這個研究發現符合常識的看法：孩子天生有反社會傾向，而打人就是種反社會行為。縱容孩子的父母，比權威型的父母更難成功地說服孩子克制反社會衝動。瞧！事情就是這麼簡單。

事實會說話

以下提供幾個事實供各位參考：

●似乎在孩子二至六歲時，體罰是最有效果的。體罰六歲以上的孩子——尤其是經常體罰——的父母們，需要好好想想自己的整體管教方式是否出了問題。

●當附帶其他的懲罰時，體罰是最有效果的，例如取消孩子的特權。

●體罰要演變為兒童虐待並不容易，也不是常態。許多體罰孩子的父母中，只有極少數最後演變成虐童者。事實上，體罰和兒童虐待的關係是自相矛盾的。瑞典在一九七九年立法禁止父母體罰，過了差不多十年，鮑伯．拉茲雷爾（Bob Larzelere）進行了一項追蹤研究，發現從禁令執行以來，兒童虐待的案例顯著增加了！正如我們前面已提到過的，這值得我們再次重申——請回想心理學家戴安娜．鮑倫所做的，關於不同教養風格成效的最新研究。她發現，基於理念而反對體罰的父母，比起沒有這類哲學反對立場的人，較容易對孩子的不良行為有過度的反應。

●孩子愈常被體罰，任何體罰方式的效果都會變得愈差。那些時常被體罰的孩子，會變得對體罰「免疫」。

●一九九六年時，美國小兒醫學會（American Academy of Pediatrics）召開的一場特殊會議得到了一個結論：相較於結果顯示體罰能威嚇反社會行為的研究，那些為證實體罰激發反社會行為而執行的研究是較不具信服力的。這場會議做出的結論是，沒有證據顯示體罰本身具有傷害性。

針對「體罰有許多替代方式，不是非體罰不可」的主張，我們永遠可以往下問這個問題：「替代方式的效果更好嗎？」舉個例子，一個四歲孩子突然大怒並對自己的母親吐口水，下面哪種懲罰方式較可能說服這孩子別再向母親吐口水：罰他安靜十分鐘或體罰？這問題不難，不是嗎？以盡可能有效的方式阻止這孩子再次向母親吐口水，是不是在為孩子的最大好處著想？又是一個簡單的問題。我的看法是，「替代方式」的主張容易因感情用事而自食其果。

如何體罰

由於《聖經》中的「棍棒」是種比喻，因此沒有好理由可以認為，為了達到《聖經》上的標準，我們就得用木條、皮帶、鞭子來體罰孩子。事實上，我認為手是體罰的唯一適當工具。理由很簡單，因為體罰者的手會和孩子一起感受到疼痛，所以他知道體罰到什麼程度就夠了。木條之類的東西，當然無法提供這類的感覺回饋。有些人會說，人的手只應該用來表達情感，用手來體罰會讓孩子產生困惑。我尊重他們的顧慮，如果是突然爆發的體罰，我當然同意有可能造成孩子的困惑，但是當體罰結束、用手體罰孩子的父母以充滿愛意的雙臂懷抱孩子時，我不認為接受恰當體罰的孩子會覺得困惑。這當然是來自我自己的親身經驗。當我體罰孩子時，我用的是自己的手；但是當我伸出手向孩子表達我的愛時，他們並沒有怕得從我身邊跑走。

體罰不該在盛怒下進行，體罰必須符合公義。一個即將被體罰的孩子，應該要知道父母的生氣是十分嚴肅的態度。從這點來說，體罰應該要保留給情節最嚴重的過錯，包括以挑釁的方式不敬、藐視父母或其他長輩、偷竊、說謊造成別人的傷害（做假見證）及攻擊行為。

在大多數情況下，父母都該和孩子一起坐下來，確實讓孩子了解自己做錯了什麼，以及父母決定體罰的原因——也就是強調過錯的嚴重性。但是當孩子才剛學走路時，有時候迅速地打個一、兩下屁股，但沒有事先的談話或警告，這樣的做法也是適當的。在這些時候，體罰的目的主要不是為了糾正錯誤，而是要迅速制止並讓孩子注意自己的不良行為。理想上，體罰應該在一個非公開的場所進行，例如孩子的房間，而父母應該和孩子待在一起，直到他們不再感到難過為止，然後，父母應該要向孩子重新保證自己的愛永遠不會消失。

不幸的是，大多數的父母都沒有按照上面的原則來體罰，這就是為什麼大多數體罰都毫無意義，儘管這些體罰構不成傷害，更不用說兒童虐待。這些體罰是在盛怒下進行，父母沒有向孩子說明體罰的原因，也沒有向孩子重新保證自己的愛永遠不變，而且次數太頻繁。由於以上種種原因，它們完全沒達成什麼效果；許多父母們都說他們一而再、再而三地因為同樣的錯事而體罰孩子，就是明證。

我要重申，我的意圖不是要提倡或反對體罰。體罰對於適當管教孩子並非不可或缺，體罰本身也不是不正當。我再怎麼重申也不嫌多的是：有效的管教靠的不是什麼方法、體罰或其他手法，而是透過對於教誨與期望的有效溝通——也就是領導力。

體罰不等於虐待

我正要完成這本書的那個星期，美國加州州議會開始辯論一項禁止父母體罰四歲以下孩童的立法提案。這項法律視體罰三歲以下孩童為犯罪行為，可處以罰金及／或徒刑。

「我認為，人們很難有理由說明為何需要打（beat）一個三歲甚至更小的孩子。」在背後支持該法案的重量級人物、民主黨女議員莎莉・李柏（Sally Lieber，舊金山選區）說道。

我同意這個說法。事實上，我認為這句話適用於任何年齡的孩子。不過李柏當然是用「打」這個字來形容任何用力打孩子屁股的行為，因此這句話流露出一種過度的情緒反應，是善於煽動人心的政治人物的慣用伎倆。美國的每個州都禁止打小孩，但以體罰本身等同虐待兒童是政治煽動的做法。

李柏或許自認是兒童權益的奮鬥者。但事實上，她的行為根本是在嚴重地幫倒忙，從上面所引用的那些研究即可證實這點。這項立法提案，鎖定的對象只有體罰三歲及以下孩童的父母，而在進入辯論程序前，李柏就明智地撤回了提案。然而這已經預告了事情的走向——對那些歇斯底里地反對體罰的人而言，李柏的法案不過在測試水溫而已。他們實際的意圖是要讓政府介入親子關係，取消父母管教子女的自由權。像李柏這樣的人不會放棄努力，如果他們最後成功了，反體罰的法律將會帶領我們來到一個斜坡，直接通往希拉蕊・科林頓（Hillary Clinton）的集體主義「村落」——專欄作家湯瑪斯・索威爾（Thomas Sowell）的挖苦評論：在那裡，少數的菁英「強迫父母們接受他們優越的智慧與美德的指導」[2]。

最高法院法官路易斯・布蘭德斯（Louis Brandeis, 1856～1941）曾發出一個警告，現在看來格外適用，他說：「自由的最大威脅來自充滿熱情與善意，卻缺乏理解力的人們的暗中破壞。」

團體討論或個人反省的問題

一、你是否相信行爲矯正技術？如果答案是肯定的，你是否發現當你嘗試適當地管教子女時，行爲矯正的信念所帶來的困擾？

二、你的教養方式是否符合本章中對有效領導的描述？要成爲孩子的有力領導者，你必須對你的管教風格做些什麼改變？

三、你是一位「具有領袖魅力」的父母嗎？如果答案是否定的，你是否認識一位這類型的父母？如果是的話，這父母有什麼特質可定義爲領袖特質？請寫下五個這樣的特質。下面這個例子提供你參考：**當她的某個孩子不滿她的決定時，不管這孩子怎麼反應，她一點也不會驚慌失措**。她的教養方式，與你的教養方式間有哪些特別的差異？

四、你是否認爲《聖經》上提到的「棍棒」指的是體罰？當把「棍棒」當成領導力的隱喻時，你的教養觀點將會有怎樣的改變？

五、如果你以前過度倚賴體罰，現在，你如何因應那些以前你會用體罰來對付的不良行爲？

註釋：

1 順道一提，我承認，行為矯正技術相當適用於那些被判定有發展遲緩問題的孩子。在受到嚴密控制的制度性環境中，行為矯正技術也似乎有效，但僅是選擇性的；在這裡，「似乎」是關鍵詞。

2 Thomas Sowell, www.jewishworldreview.com

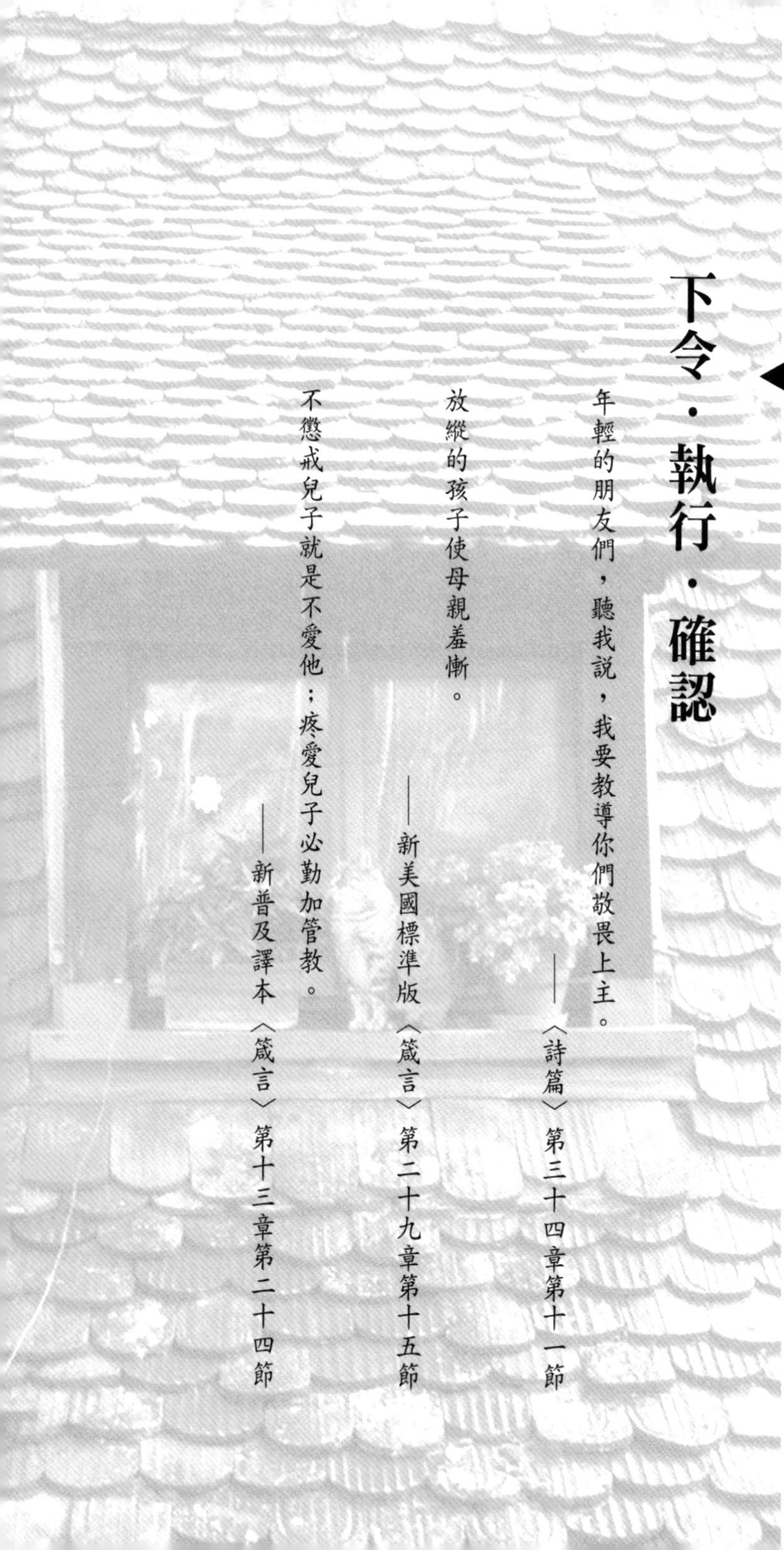

第十一章

下令·執行·確認

年輕的朋友們，聽我說，我要教導你們敬畏上主。

——〈詩篇〉第三十四章第十一節

放縱的孩子使母親羞慚。

——新美國標準版〈箴言〉第二十九章第十五節

不懲戒兒子就是不愛他；疼愛兒子必勤加管教。

——新普及譯本〈箴言〉第十三章第二十四節

許多作家喜歡提供一些討人喜歡的記憶訣竅，以幫助他們的讀者群記住關鍵的概念，我也不例外，雖然我還是要堅持我所提供的這類訣竅不是為了討人喜歡，而是真的具有抓住人心、活潑生動的特質。

記住這一點後，我希望讀者們能夠唸出下列這組由三個詞組成的口訣（這三個詞的英文都以C開頭），以生動有力的方式重複三次：溝通（communication）、懲罰（consequences）[1]、一致性（consistency）。（記得多唸幾次，以便完全發揮幫助記憶的效果。）

這三個C字母開頭的單字，是有效管教的基石。但拆開來看，它們不過是沒有生命的符號而已，所以必須有某個東西來賦予這些無生命的符號活力——活化劑！而這些賦予活力的活化劑，也剛好是由三個英文為C開頭的詞所組成：下令（command）、執行（compel）、確認（confirm）。

將這兩組字詞放在一起，我們就會得到三個有效管教原則的好記口訣：

一、教養的**溝通**（指令、限制和期望的溝通）必須由你**下令**。

二、教養的**懲罰**必須確實**執行**。

三、教養的**一致性**能夠**確認**父母促進孩子最佳利益的決心。

讀到這裡，毫無疑問地，你一定會覺得這些原則深入你心，讓你深受鼓舞，現在就躍躍欲試，想立刻在自己的孩子身上如法炮製一番！

在本章中，你將學到這三個重要無比的原則，每一個都得到《聖經》的確認，而《聖經》正是老祖母唯一需要的教養書。你也將學到如何把每個原則轉化成有力的行為，讓你可以開始「依據《聖經》的智慧來教養子女」，並得到上帝對那些遵照祂的教誨來生活的人所保證的報酬。

原則一：號令式溝通

「你們說話，是，就說是，不是，就說不是；再多說便是出於那邪惡者。」（〈馬太福音〉第五章第三十七節，新耶路撒冷《聖經》）

在山中寶訓裡，耶穌所給予門徒的教誨，無疑是所有領導力原則中最重要的一項：言如其實，實如其言，並且言出必行。（順道一提，這剛好也是對「正直」的絕佳定義。）

你的孩子是否知道你的話是可以信賴的？是否知道你言出必行？你的每個孩子是否都清楚知道，你說是就是、說不就不，沒有討論空間？更確切地說：

●如果你告訴某個孩子你要他做某件事，他是否完全明白這是他必須去做的，而且你將**貫徹**你的指令？如果你可以毫不猶豫地回答是，那麼你的孩子已經了解，當你說是就是。但另一方面，你是否讓你的孩子有理由認為，如果他拖得夠久，抱怨得夠大聲、夠激烈，或是跟你辯論起來，你就會放棄要他做，然後自己動手？如果是這樣的話，那麼你的孩子已經學到你說的「是」只是期望而已，不一定要照辦。

●如果你告訴某個孩子你不准他做某件想做的事，或不願給他某個想要的東西，他是否徹底明白你的話是當真的？如果是的話，那麼你的孩子已經了解，當你說不就不。或者你是否讓他有理由認為，如果他和你爭辯、哭得可憐兮兮，或是開始大吵大鬧，你就可能讓步；如果不是完全退讓，至少也是部分？如果是這樣的情形，那麼你已經教會他你說的「不」只表示一種意願、一種請求，而不是堅決的否定。

「有人說，我是個愛作夢的人」

和這個討論有關的一個現象，是所謂「好辯的孩子」。儘管有許多父母告訴過我他們的孩子有這樣的問題，但事實上好辯的孩子並不存在。所謂好辯的孩子，只是從父母身上學會兩件事：(一)父母會和他們辯論；(二)爭辯的結果可能對他們有好處。換句話說，這些孩子只是趁機從好辯的父母身上佔便宜而已。

這些父母全都犯了同樣的毛病：當孩子向他們要求解釋時，他們就解釋；當孩子不滿他們所做的決定時，他們會嘗試說服孩子。因為一個簡單的事實，所以這些努力從來不會達到任何結果，那就是：**如果一個孩子不滿他父母所做的決定，他就不會滿意父母所給的理由，而且不管父母說什麼都不會改變他的態度。**

好辯的父母似乎無法接受這個現實。他們認為他們可以夠清楚明白地向孩子解釋自己的決定，並讓一個不喜歡父母決定的孩子變得喜歡。為了某些詭異的理由，他們認為自己可以完成這項從沒有父母達成過的任務。他們認為，父母和孩子之間可以實現下面這種意見的交換：

子：「媽咪，我可以和朋友去採石場那裡玩嗎？」

母：「不行。」

子：「為什麼不行?!」

母：「上星期才有一個小朋友在那裡溺死了。」

子：「可是媽咪，我會游泳啊！」

母：「那個溺死的小朋友也會游泳。關於溺水的研究發現，大部分溺死的人都是會游泳的人。問題是他們可能游得太累、抽筋，或是他們潛水時撞到東西，逼得他們無法呼吸。而且大部分人都是在沒有救生員的水邊溺斃的，採石場就沒有救生員。因為這一大堆理由，所以你不可以去。就是這樣。」

子：「媽咪，我真的很贊成這個解釋。我剛才一定是瘋了，但妳讓我相信和朋友去採石場玩是個歪主意。我好幸運有妳這個媽咪喔，謝謝妳。」

這類親子對話根本是不可能的夢想。因此好辯的父母也是愛作夢的人。他們的腦袋漂浮在理想主義的雲端。孩子顯然不可能理解和贊同一個成人的觀點，再怎麼雄辯滔滔，也沒有任何的話語能改變他們的想法。從來沒有父母得到。那些認為自己有辦法達成的人，失敗的時候也只能怪罪自己。

上帝問：「誰告訴你是光著身體的呢？你吃了我禁止你吃的果子嗎？」

那人回答：「你給我作伴侶的那女人給我果子，我就吃了。」

——〈創世紀〉第三章第十一至十二節（新耶路撒冷《聖經》）

同樣地，也沒有一個孩子遇到父母說「不」時會心服口服。他們不過是學會當父母說不時，就可以向父母大大發怒一番，然後「不」字就可能變成「喔，好吧！」這些是無法貫徹「說不的意志」的父母。他們把自己的缺點怪罪在孩子身上，因為推卸責任是人類自古以來的傳統。

父母說話算話

如果我向聽眾所做的某項意見調查可以當作參考，真實的情況似乎是，大部分父母已經教會自己的孩子，爭辯跟發脾氣保證能夠讓他們稱心所欲。

二〇〇六年，我在美國愛荷華州的迪摩因市對一群約五百人的教會聽眾演講，當時我決定求證我的直覺是否正確。我朗讀了耶穌在〈馬太福音〉第五章第三十七節所說的話之後，要求在座的父母，有十足把握孩子知道自己說是就是、說不就不的人舉手。大約有十個人舉起手來，只佔聽眾中的百分之二，其中某些人還顯得有些遲疑。我接著又問：「現在，覺得**你的父母**被問到這個問題時會舉起**他們的**手的，請舉手。」至少有三百人舉手。

「這正是為什麼」，於是我說，「你的父母遇到的教養問題比你們少多了。不是因為你比你的孩子更好帶，而是因為你的父母使用的領導方式，比你對自己的孩子所用的更有效。這裡有差不多三百個人知道父母親說話算話，但除了剛才的十個人之外，你們的孩子都沒有學會這樣看待你說的話。」

從那時起，我至少重複對好幾十群的聽眾們做過這個調查，有的人數多，有的人數少。儘管聽眾人數變化頗大，結果卻跟我第一次在迪摩因市所得到的結果差不多。當你被問到第一個問題時，你會舉起手來嗎？如果問題的對象換成你的父母，你會代他們舉手嗎？

你的「不」表示「也許可以」？

過去三十年來，孩童沒有什麼改變，但子女教養方式確實是變了。今天之所以會有這麼多父母在子女身上遇到教養上的困擾，並不是因為頭部受到重擊或是腦部出現造成機能障礙的化學物質，才讓孩子在父母明明說「不」時卻自動聽成「也許可以」。問題出在父母自己身上，因為他們聽信後現代心理學式教養的許諾。如果你是這裡所說的那種父母——有很大可能性你正是其中之一——那麼這真是個好消息，因為那就表示，你終於開始解決你在孩子身上遇到的教養問題了。

你曾經絞盡腦汁，嘗試改變你那愛唱反調的好辯孩子，好讓他成為一個乖乖聽話、不會試著把你捲入辯論中的小孩嗎？你的努力只是讓你白了頭髮、頭痛得更厲害而已，對嗎？因為有問題的不是你的孩子，而是**你**。你想要改變的對象是錯的！你可以接受這點嗎？如果你的答案是肯定的，而且認真地說到做到，那你的頭痛和白髮現象不久後就會消失！療癒之道真的很簡單；簡單到你會納悶為什麼自己就沒想到。它總共有三個步驟：

一、如果你的孩子向你要求某件事，而你不允許時，他卻用「為什麼不行?!」的口氣向你要個解釋，你只需要給他下面六個理由之一就行：㈠因為你還小；㈡因為會受傷；㈢沒有錢（或是我們不打算這樣花錢）；㈣沒時間（或是我們不打算在這件事上花時間）；㈤我們不認為事情是這樣（或是這不符合我們的價值觀）；㈥我們不喜歡那些小孩。

二、如果你從上面選出一個理由，並用最簡單的字眼告訴你的孩子，而他卻頓足尖叫起來，嚷著他不同意你的理由、覺得那很蠢，或是試著說服你改變主意，你只需要以充滿同情的眼神看著他，跟他說：「如果我跟你一樣年紀，我也不會喜歡這個決定。」

三、接著你轉身離開，讓他自討無趣（我偷用了老祖母最愛說的幾句話之一）。

你看到這有多簡單了沒？只需要三個簡單步驟，就可以在孩子們爭辯你的決定前讓他們住嘴。請注意，給孩子一個理由跟嘗試說服他們是有差別的，前者是告訴他什麼是正確和適當的，後者則是想讓孩子相信你的理由站得住腳，這是不會有結果的。讓我們再來看看我前面舉過的例子：

子：「媽咪，我可以和朋友去採石場那裡玩嗎？」

母：「不行。」

子：「為什麼不行?!」

母：「因為採石場對沒有大人看管的孩子來說是個危險的地方。」（結合了上面的答案一和二。）

子：「才不是！沒有人在那裡受傷過，而且我會很小心，媽咪，我保證。」

母：「你知道嗎，如果我是你，而我媽咪告訴我不能跟朋友去採石場玩時，我也會跟你一樣不開心，我也會跟她做同樣的保證。但她還是不會答應，所以現在我也一樣不准你去，不管你說什麼都不會改變我的主意。不過你可以試試看，我是不是會說話算話。」（這時這個媽咪要轉身回去做原來在做的事。如果她的孩子還是堅持，那麼她就要時不時地轉身用堅定不移的眼神看著他，並以最冷靜的語氣向他說不，然後轉身離開。）

透過這樣的方式，一個孩子才可能學會當父母親說不的時候就是不。但可別期望奇蹟會在一夜之間發生。他可能需要好幾個星期才能學會，時間長短要看這孩子個性有多倔強，以及他養成這壞習慣有多久。但甚至是最倔強、最積習難改的孩子，這個簡單的方法最後也能滲透並發揮效果。

接下來要討論的，是喜歡在父母說是時跟父母爭辯的孩子。狀況像是：當你吩咐你的孩子去做某件事時，他總想知道為什麼自己（這個未被承認的宇宙大帝）得這麼卑躬屈膝。在他們開口前，老祖母就會先使出絕招堵住他們的嘴，這個絕招只有六個字：「因為我說了算。」

「因為我說了算」

母：「查理，幫我倒個垃圾。」

查理：「為什麼我得倒那些臭垃圾？」

母：「因為我說了算。」

（這時這個媽咪得繼續做原來正在做的事。你了解的，這件事絕對要非常冷靜地進行才行。）

後現代心理學式教養的放送者告訴父母們，「因為我說了算」這句話是不好的，它會扼殺孩子的好奇心和「知的權利」（這權利到底打哪兒來至今還是個謎），阻礙孩子的智能發展，讓孩子感覺自己的想法不被當一回事，因此降低他的自尊。當然了，這些話沒一句是真的。我們這一代的孩子聽過無數次這句話，但我們還是好奇得不得了；我們在學校的表現比今天的孩子還要好，所以這句話肯定沒妨礙我們的思考能力；我們也比今天的孩子更少受憂鬱症所苦，所以這句話肯定也沒對我們的心理造成任何傷害。然而現在的父母相信新的專家們，於是親子之間的爭論成了現代家庭的家常便飯。

我們必須思考這個事實：「因為我說了算」是領導權的聲明。它肯定了父母的權威，意思是「討論到此為止」。因為這些理由，這句話可以避免親子間的爭論，這始終是件好事，而且對父母**和**孩子都是。

一個有力的領導者，在下決定時會有一堆解釋嗎？不，他們不這麼做。當一個領導者在適當的脈絡下做出決定時，他也許會給個簡短的理由，但不會試著說明他的道理。他不會解釋他做出決定的思考過程，因為一旦他這麼做了，就有兩件事會發生：首先，這會讓他顯得不確定自己的決定是否正確；其次，這會讓人開始質疑他的決定是否是最好的。這件事也可以換個說法：領導者要求的是決斷力。當位居領導地位的人開始說明自己的行為時，他們看起來就不是那麼果斷了。事實上，對一個領導者來說，始終保持果斷的態度比始終做出正確的決定更重要。再說，一個人可能始終保持果斷的態度，卻不可能永遠是對的。

政客解釋自己的行為，是為了說服人們同意他的做法。因為他們希望得到選民的贊同。但領導人只會陳述他們的決定，不會花力氣做太多解釋，而是發號司令。真正的領導者不會四處尋求贊同。政客害怕做出不得民心的決定，領導人不怕。當政客做出一個不受歡迎的決定，引來諸多反對意見時，他可能會改弦易轍；領導人則會堅持到底。不用說，許多父母都比較像是政客而不是領導者。你呢？你是政客型父母，還是領導者型的父母？

耶穌告訴祂的門徒（和我們）「說話時，是，就說是，不是，就說不是」。因為耶穌要訓練他的門徒成為領導者，訓練他們背起祂的十字架並得到其他人的追隨。他是在告訴門徒，當他們向別人提到祂時，當他們分享救世主降臨的福音時，他們必須完全地相信，自己所說的是完完整整、徹徹底底的無疑真理。為了要完全杜絕疑問，祂知道他們說話時必須清楚且毫不含糊。耶穌的建議適用於任何位居領導者地位的人，父母們也屬於其中之一。

顯而易見的事實

曾有位母親告訴我，不管她吩咐五歲大的女兒做什麼，她從不照辦。我很懷疑她的說法。

「我從來沒聽過，有哪個五歲大的孩子會不照父母的吩咐去做，」我說。「大部分時候是這樣的，我是說，如果你的對象是人類，尤其是小孩。」

「那是因為，你沒見過我女兒，」她反駁我，「因為我不管我叫她做**任何事**，她都不會照做。我已經試過了**每一個**辦法，但她就是不聽我的話！」

「我敢說你沒**吩咐**她做任何事。」我說。

「你的意思是？」

「我的意思是說，如果你像大部分今天的父母一樣，用懇求、討價還價、收買、哄騙、講理、說明、威脅的方式，而不是**命令**她。你只需要**命令**她做什麼就好，但你不是。當你停止懇求之類的做法，開始命令她，她自然就會開始做你叫她做的事了。」

她想了幾秒後接著說：「你有去我家埋伏嗎，怎麼這麼了解？」

這位母親不明白的是，她在女兒身上遇到的問題是**她自己**製造出來的。她試過了想像得到的每一種獎勵、懲罰、方法、技巧、策略，但她的女兒只會愈來愈不聽話。在我們談話當中（我們還談了很多）她慢慢了解，想改變女兒根本就是找錯對象。沒錯，她女兒是很不聽話，但是在好好解決她女兒冥頑不靈的問題之前，這位媽咪應該要先學會如何適當地下達指示；學會**命令**。

許多年前，我的女兒艾美曾經請我們代為照顧她最小的孩子侯頓（Holden）五天。那時的侯頓才兩歲多，正是小子難纏的年紀，至少對他的父母來說是這樣。艾美形容侯頓是「尖叫狂」，一切都要如他的願才會罷休。薇莉和我禮貌地聽她抱怨，就像每對慈祥的祖父母遇到這種情況時一樣，但我們心知肚明侯頓為什麼尖叫。因為他的父母在乎他尖叫。當然了，在難纏小子侯頓和我住在一起的五天之中，他一次也沒尖叫過。他沒大聲哭鬧，也沒嗚咽，甚至連**看起來就要哭了**都沒見過。他一直跟我們待在一起，接受我們的安排，做我們吩咐他做的事，而且很快就適應了我們的生活方式。當我們告訴艾美這個好消息時，她說那是因為侯頓還沒有習慣我們，還在摸索我們的脾性。但事實是，侯頓在幾個小時內就已經了解我們的作風了。他知道我們說是就是，說不就不，沒有商量空間。他也知道尖叫對我們不會有效，因為我們不在乎。當他了解到這點之後，他就變成一個較順服的小男孩。

薇莉和我沒有因為他沒尖叫而獎勵他，也沒有努力取悅他。我們只是**告訴**他我們在做什麼，還有他該做什麼。在這五天之中，我們是「前難纏小子」侯頓的領導者；領導力關乎的是如何發號司令，這一點我再怎麼強調也不嫌過分。

膽小鬼沒有領導力

管教這個詞的英文字根 disciple，是「門徒」的意思。因此從最嚴格的意義來說，管教指的是將一個自我中心、相信全世界都繞著自己轉的小小造反者，改造成一個樂意接受**管教**，重視父母且心甘情願的追隨者。事實上，與其說父母應該正確地**管教**（discipline）自己的孩子，更精確的說法毋寧是父母應該正確地訓練孩子追隨他們（disciple them）。這必須透過有力的領導來實現，而無論在任何情況中，領導力都必須有效地傳達指令、規則、期待及限制。無論在什麼情境中，好的領導者都精通「領導語言」，也就是說，他說話時必須：

●清楚（Clear）——直接、沒有模糊地帶、明明白白、不帶任何抽象色彩。
●精要（Concise）——簡單扼要。
●號令（Commanding）——權威姿態、有決斷力。

比如說，如果在一家擁擠的商店中，有位母親希望她四歲大的孩子能夠緊跟著她，以下的對話就是領導式談話的例子：「當我們在這家店裡時，你隨時都得待在我身邊，了解了嗎？」

相對地，下面這段談話則**不是**領導式談話：「拜託別讓我追著你在店裡跑好嗎？第一，這很危險，你可能走丟或是被陌生人抓走，然後對你做什麼壞事。所以不要從我身邊跑走好嗎？如果你好好跟著，媽咪才會在回家路上買甜筒給你，聽話？」

很明顯地，第一個例子中的簡單幾句話比第二個例子裡的一長串叮嚀要有效多了。前者清楚、精要地傳達了命令，後者則含糊、囉唆而且缺乏命令。

不幸的是，保守地說，至少有許多的母親對孩子下達指令時，聽起來就像第二個例子裡的那位媽媽，她們說的是我所謂的「米克土司語」，以漫畫人物膽小鬼賈斯柏．米克土司（Caspar Milquetoast）[2]來命名，這位漫畫人物從來沒辦法清楚表達自己，更別說有決斷力了。讓我們聽聽一個希望她四歲大的孩子自己收拾玩具的「米克土司媽媽」會怎麼說：

「小甜心，我有客人要來家裡，幫**媽咪**一個忙，別玩了，把玩具收起來好嗎？如果你幫**媽咪**這個忙，等一下你可以吃一碗冰淇淋喔。你想吃冰淇淋嗎？那你就得把玩具撿起來。把玩具收好的乖孩子才有冰淇淋吃喔。你覺得你需要幫忙？真的嗎？喔，我想不可以這樣喔。你既然能把玩具拿來這裡，那你就應該能把它們放回原位啊，你說是不是？小蜜糖？我在跟你說話呢，你有沒有注意聽**媽咪**說話呀？小甜心？拜託現在就去把玩具撿起來，好嗎？這樣**媽咪**才不用自己動手呀，好不好？我好聲好氣地求你呢？小蜜糖？小甜心，我的客人隨時都可能進門呢，這些玩具得在他們來之前離開地板喔。讓我們一起把他們撿起來好嗎？甜心寶貝，**媽咪**需要你幫忙收拾玩具呢。可別讓我一個人撿玩具，好嗎？」

如果這段話聽起來似曾相識，好消息是你終於讀到一本對的書了。就像上面這位好心腸的媽媽一樣，說「米克土司語」的父母們無時不刻都在嘀咕、抱怨、拜託、乞求、哄騙、收買，以及用說服的方式向孩子解釋。當沒有一招有用時，百分之九十五的父母可能會出現第三種表達方式——我們根據最恐怖的怪獸電影之一來命名。這些父母的態度會強硬起來，開始發抖，換上死神跟毀滅者的表情，然後接著發出「哥吉拉吼」，就像下面這樣：

「你為什麼就不能乖乖聽話幫我做這點小事，一次就好?!為什麼我叫你做任何事你都要給我找麻煩？我真是受夠你了！如果你現在不馬上把玩具撿起來，我就、我就、我就，我就把它們全部丟出去，然後寫一封信給聖誕老公公，告訴他你有多壞，然後聖誕節時他就不會送你任何禮物！如果你讓我認真起來，我還會寫信給復活節小兔和牙仙子，叫他們別帶禮物給你！」

於是我們預料得到，「米克土司語」和「哥吉拉吼」的輪流出現只會造成惡性循環。當這位媽咪冷靜下來時，她的感覺會遭透了。她會擔心自己突然爆發的脾氣造成孩子的心理創傷而悶悶不樂，降低自尊心。(證據是當她發脾氣時，孩子哭著跑走，躲到自己房間裡。）為了贖罪，這位媽咪只好自己把玩具撿起來，並向孩子道歉(「小甜心，媽咪很抱歉。我只是今天過得不太順利，原諒媽咪好嗎？」)，然後她會答應，在客人離開後帶他到購物中心去吃香蕉聖代，並提前（在五月）送他聖誕節禮物。而下一次當她要孩子做什麼事時，她會用同樣拐彎抹角的方式，然後孩子會照樣不把她的話放在心上，然後她會再度被哥吉拉附身、再度感到罪惡感、再次抱著贖罪的心情，一再重演。

領導式談話可避免這種惡性循環。同樣是上面這個例子，一個善於叫孩子做事的母親，或一個說話果決的父親會這樣說話：「我需要你把這些玩具撿起來，現在就要。我等下會回來看看你做得怎麼樣。」（這時這個母親或父親要毫不猶豫地馬上轉身離去，不給孩子有任何反抗的機會。）

由於這個指令清楚、精要，並且是命令式的，因此比起米克土司媽媽（或米克土司爸爸）的孩子，他們的孩子自己收拾玩具的可能性大多了。但生活不可能十全十美，你說是嗎？於是有位家長問道：「但如果我用領導語言吩咐孩子做事，他卻不當回事，甚至直接挑戰我，那又該怎麼辦呢？」

答案要視許多因素而定，包括孩子的年紀、不良行為發生的場所，以及問題的由來，但一個適用大部分情況的回答是，如果領導語言這個A計畫無法達成目的，那麼就要用B計畫，也就是祭出懲罰。

但在我進一步闡述這點之前，我要提醒各位注意，大多數父母把懲罰當成第一重要的管教工具，但它實際上卻是次要的備案而已。完全倚賴懲罰的父母，永遠都會忙於處理各種問題。他們總在白費工夫。想當然爾，他們也經常抱怨孩子給他們帶來許多壓力，養兒育女花去太多工夫，讓他們精疲力竭。但相反方面，那些將懲罰當成領導式談話備案的父母則在管教子女方面大有成績，他們通常也表示自己極少承受來自這方面的壓力。

然而當你打算運用B計畫時，切記，你的態度必須堅決、絕不心軟、符合正義。你要讓孩子知道他的行為後果，而這個後果的力量必須強大到足以**強迫**他或她在當下就恢復自制，並保證未來在類似情境中都能有正確的行為。懲罰應該要能讓孩子永銘於心。就這點來說，懲罰絕對是不會讓人愉快的。正如你很快將了解到的，我所指的那類行為後果不是後現代心理學式教養權威人士一般會建議的那些；現在，你應該不會對我接下來所說的感到驚訝。

原則二：強制承受行為的後果

「我們受管教的時候，悶悶不樂；可是後來，那些因受管教而經歷過鍛鍊的人能夠結出平安的果子，過著正直的生活。」（〈希伯來書〉第十二章第十一節）

我經常會有感而發地和父母們分享〈希伯來書〉作者提出的這個指導原則，就像有位母親曾問我，怎樣才能讓她十歲的兒子不要在家裡把自己的東西丟得到處都是，我就和她分享了這段話。當這個孩子放學回家時，他會把衣服扔在剛進門的地板上，書包丟在沙發，在衝上樓換衣服前踢掉鞋子，不管它們掉在哪裡。他母親用盡各種辦法，懇求、拜託、威脅、利誘，但沒半招是有用的。她已經束手無策，只好來問我有什麼好建議。

我告訴她，如果她願意老老實實地照我建議的方法去做，我保證三天內就可以解決她的困擾。她說她什麼都願意做。

「下次他進家門後又把東西亂丟在樓下時，妳把東西撿起來。」我告訴她。

「可是約翰，」她大聲說，「我一直都這樣做啊！」

「我知道，」我說，「但是妳沒做我接下來要告訴妳的那件事。」

「什麼事？」她期待地問我。

「那就是，」我說，「妳把東西全部撿起來後放到它們該在的位置，再去找妳兒子，讓他知道妳做了什麼，告訴他夾克、鞋子、書包要放在哪裡。然後再把他帶回房間，跟他說：『這是你的房間，我一直整理得乾乾淨淨的，因為這是你放學回家後要待的地方，但你今天的自由時間比平常要短，因為我要你吃完晚餐後馬上上床睡覺。我要你知道，以後我再也不會唸你把東西丟得到處都是。如果你沒把東西歸回原位，我來，而且我不會抱怨，我幫你收拾東西的獎勵就是我可以一整個晚上都不必被小孩煩。』」

讓孩子承擔後果

她用狐疑的眼神看了我幾秒，然後說：「就因為沒把東西歸回原位，我就得罰他禁足而且提早上床嗎？」

「當他把東西丟得到處都是時，煩惱的是誰？」我問。

「我。」她回答。

「沒錯，」我說，「是**妳**。只要**妳**還是為這件事煩惱的那個人，妳兒子就沒理由不停止他亂丟東西的行為。當**他**成為那個必須因為亂丟東西而不愉快的人時，他就會開始把東西放回原位了。我只是告訴你怎樣才能讓他不愉快而已。」

在這個例子裡，這孩子對自己的東西沒有負起責任，她母親就讓他為這行為承擔後果。換句話說，她本來是唯一被這個問題困擾的人，而為了解決這個問題，她必須把困擾丟回去給那個最該煩惱的人，也就是她的兒子。畢竟除了製造問題的人之外，沒有人有辦法徹底解決這個麻煩，也沒有人會想要一直幫他處理這個麻煩。

這個母親對我的建議感到躊躇的原因，是這聽起來不太符合現代人的做法。她從來沒想過，這種蠻橫的做法會出自一個心理學家。要是我建議當她兒子沒把東西亂丟時要獎勵他，其他時候則裝作沒看見，她就不會那麼驚訝；要是我建議他兒子每亂丟一樣東西就罰他一毛錢，她也會毫不驚訝；但這些辦法一點用也沒有。獎勵他、忽視他、罰他錢，就算整整花上三個星期，他也還是會在家裡亂丟東西。我的建議是很老套沒錯，事實上，老祖母常說「杠子用力打下去」[3]，這就是一個例子。這裡所指的「杠子」（boom），就是運用懲罰來革除孩子的這類為人熟知的惡行，一個他沒有意料到的後果會讓他心生警惕，永遠忘不了。理論上這孩子將再也不願受到這個特殊的懲罰，事實也通常如此。瞧！事情不是順利解決了嗎？

當我正在進行這一章的寫作時，一位十五歲大女孩的母親問我（透過我的網站的會員留言區，網址 www.rosemond.com），她女兒偷了她七十五美元，罰她禁足兩個星期會不會太嚴厲。我的回答是不會，而且還太輕了。我建議她罰她禁足三個月，只要她違反禁足令或是表現出不敬的態度，懲罰就重新來過（表示她在離家上大學前都可能沒辦法再自由行動）。這女兒已經把部分的錢拿去穿了肚臍環，所以我建議這位母親告訴女兒，她可以自由地在身體上穿洞，但只要她選擇留下這個洞，她就拿不到駕照。這位年輕的女士需要一個讓她永生難忘的教訓。為了她好，我只希望她母親能拿出魄力來，成為她女兒眼中有史以來最兇惡、最正氣凜然的母親。從長期來看，只有讓人難忘的懲罰才是最重要的。

難忘的後果

強制執行懲罰所製造出的回憶會很持久，而且絕對是很不愉快。當行為後果沒辦法讓人記得時，它的效果就不會「歷久不衰」了。一旦孩子忘了，他就會故態復萌，隨時準備考驗他的父母們。

幾乎每個我這一輩的人，記憶中父母都曾說過這樣一句話：「我想我該給你一個難忘的**教訓**了。」不用說，他針對的一定是某個嚴重的不良行為；而一個難忘的**教訓**有時候是指讓人很痛的體罰，卻不總是如此。它可能是被派去做一件大工程，例如油漆整棟房子的外牆，而且在完成這件事之前都要被禁足。我一個朋友在他十五歲時就被處罰用這種方式悔過。他犯的錯是抽了一根香菸。而這是我朋友抽過的第一根也是最後一根香菸。我的繼父也曾要我罰寫一千遍的「非假日時我絕不在天黑以後回家。」當我寫完之後，他告訴我下次如果再犯，同一個句子我得寫五千遍！我相信他會說到做到，大部分是因為他說話的樣子相當認真。他本來可以輕鬆地說：「外面在下雨呢！」（在我的門禁時間被大幅延後前）我再也不曾重蹈覆轍，因為在學校惹出麻煩而被罰油漆整棟房子、因為天黑後才回家結果被罰寫同一個句子一千遍——這種**痛苦**記憶絕對「歷久不衰」。

在寫給希伯來基督徒的信中，〈希伯來〉書的作者用「管教」一詞來指懲罰。他同時也是在說，一個行為的後果如果沒有給人留下持久不衰的不快回憶，那它就不算是真正的懲罰——可能讓犯錯的孩子有點傷腦筋，卻還構不上是懲罰。在這樣的情況下，不良行為就有可能持續發生。無法留下持久記憶的懲罰，勸阻力也不會持久。

我想起一對父母的故事。他們五歲的孩子曾騎著新腳踏車離開住家附近，最後騎到離家一哩外的地方；這對父母的處罰方式，是那天都不准他再騎腳踏車。幾天後他又違背父母之命偷嚐禁果，騎著新腳踏車到附近以外的地方；直到他的父母罰他兩個月不准騎腳踏車前，他始終沒放棄偷嚐禁果的慾望。如果他們一開始就這麼做，就可以省下之後的操心和眼淚。而這個教訓的「痛」也會幫兒子省下很多麻煩，他不必一再測試父母的底線，直到發現他們真的很認真為止。

換句話說，父母給孩子的懲罰**不該**「符合」孩子所犯錯誤的嚴重度，不應該是我們從現在的標準來看會認為是「公平的」處罰。如果在從一到十的尺度中，某個不良行為屬於第三級的話，那麼它的懲罰至少要到六級才行。這樣一來，這個不良行為盡快消失的可能性將會大幅增加，對每個人都有好處，尤其是對這孩子。所以如果一個三歲小孩在早上十點做出了惡劣的行為，我會毫不猶豫地罰他今天剩下的時間都只能待在房間裡。

「但如果他只是做錯了很小的一件事呢，約翰？」可能有人會問，「像是沒有經過允許就拿了片餅乾吃？」

那麼，下次當他想要不經允許就拿餅乾吃時，至少會猶豫一下。用是否「公平」、是否「符合」犯錯嚴重度的方式來衡量懲罰的問題在於，任何的不良行為，無論情節多輕微，如果沒有在它萌芽時就馬上制止的話，就會很快變成十分有害的惡習。每種劣行都可能持續惡化下去。幾個星期之內，「沒經過允許就拿餅乾吃」可能輕易就變成「不把任何規定放在眼裡」的全面造反。被禁足在房間裡八小時，會讓這個三歲小孩（我必須強調：在最及時的時候），知道當他的父母說不的時候，就是不，而不是「我希望你不會」。在我最後的分析中，我要說這事情不是關於偷拿一片餅乾，而是事關這個小男孩的假設性未來。他會成為一個聽從父母規定的快樂孩子，還是不服管教的不滿份子？請記住，不聽話的孩子不會快樂，因為他們被囚禁在自己的造反本性之中。若要讓富有創造力、樂於合作的人類心靈力量支配人性，就必須用正當性權威降伏造反的慾望。

和這個討論有關的一件事是，隔離反省已經成為最常被運用的懲罰，並且三十多年來一向如此。心理健康專家把隔離反省當成最重要的懲罰來推廣，連我也曾經強烈建議父母這樣做。但我接著覺悟到一件事——隔離反省只有對那些本來就很乖的孩子才有用。我問過在場父母人數超過一千位的許多群聽眾，「隔離反省幫你解決你在孩子身上遇到的大麻煩的人，請舉手。」沒有一隻手舉起來。七十歲左右或年紀更大的人們（老祖母那一輩的人）告訴我，他們認為隔離愚蠢又無意義，想出這個辦法的肯定是不食人間煙火的人。心理健康專業者們，又再一次被老祖母擊敗。

隔離反省之所以愚蠢又無意義，在於它沒辦法製造出令人不快的持久記憶。事實上它是所有刻意的懲罰中最沒用處的一個。隔離反省用在學步兒身上效果是不錯，但當孩子三歲大時，父母們就該換一個更有力、更能發揮勸阻效果的處罰方式。用隔離反省來對付重大、長期的行為問題，簡直就像以卵擊石。

用不「符合」犯錯嚴重程度，但強大到具有勸阻效果的懲罰，可以讓父母們較不容易失去理智。在新普及譯本〈箴言〉第十三章第二十四節中，我們讀到：「不懲戒兒子就是不愛他；疼愛兒子必勤加管教。」這不表示打就是愛。針對我們的討論目的，這番話要表示的是，當一位父母「不懲戒兒子」（無論以什麼形式），而是試著用說理、收買、威脅、利誘、哄騙或隔離反省的辦法，想讓他變成乖孩子，那麼這位父母的挫折感肯定會一直累積到讓他「炸開」為止，他會把「充滿恨意的」、火山爆發式的怒火發洩在孩子身上。就這裡來看，正如我前面已經提到過的，一個關於管教風格的最好的研究[4]發現，相較於偶爾才體罰的父母，基於理念而反對體罰的父母們其實**更容易**在盛怒下對孩子施予言語和身體攻擊。在孩子的惡習才剛萌芽就馬上斬除，對孩子們才是真正的好事，才是無價的福分。

處罰的時機

曾有一位母親告訴我，她那六歲的兒子，似乎總算準了她無法懲罰的時候才表現出惡劣行為。

「比方說，」她說，「他會等到我有事就要出門前才做我不准的事，他知道我拿他沒辦法。」「為什麼妳會覺得自己拿他沒辦法？」我問。

「我以為，」她說，「如果我們沒有在第一時間懲罰，那就沒有意義了，不是嗎？我的意思是，你不能在事情發生兩小時後才懲罰嘛，對嗎？」

「兩個問題的答案都是否定的。」我回答，然後我繼續告訴她行為矯正理論（主流的教養典範）混淆的地方——小孩不是狗。你無法在一隻狗做出不良行為的兩小時後才懲罰，但你當然可以在一個六歲小孩做錯事兩小時後懲罰他。你在他做錯事兩天後才懲罰他都行！甚至三、四天也沒問題！

每當我告訴父母們，他們不需要立刻懲罰孩子時（剛學走路的孩子例外），從來沒有人不感到驚訝。當孩子到了三歲大的年紀，記憶已經開始形成。從那時起，父母們就可以暫時延遲懲罰，只要延後的時間還在孩子記憶力可及的範圍內就行。所以如果一個三歲的孩子在早上十點做了一件錯事，你傍晚六點才告訴他晚飯後馬上上床睡覺是完全沒問題的。進行這類的懲罰時，父母要清楚告訴孩子他做了什麼鹵莽的錯事，但也要記得，一個三歲小孩的記憶力至少可以持續八小時。

而到了孩子五、六歲時，父母的懲罰則可以延遲數天之久。同樣地，每當父母延後懲罰時，都必須清楚告訴孩子他犯了什麼錯。父母得用「倒帶」的方式把孩子的錯事重述一遍，好讓他回想起來，像是下面這個例子：「我今天要罰你提早上床睡覺，因為今天早上我吩咐你收拾玩具時，你跟我說你不要。所以我就幫你撿了。我希望我再也不必懲罰你，但有必要時我還是會這麼做。」到了孩子十歲時，懲罰可以延遲一個星期，至於青少年，則可以延遲好幾個月。

我絕不是開玩笑。一個十五歲孩子的父母們告訴我，因為那年的三月發生的一件事，所以他們不讓孩子參加夏令營，直到夏令營開始前一週，他們才告訴孩子這個決定。我不常建議父母把懲罰延遲到錯事發生這麼久以後，但是在這個例子裡，我們可說這懲罰絕對是正確的。然而在大部分的情況下，尤其當懲罰的對象是青少年時，我仍建議父母們在一、兩個星期內就進行適當的懲罰。

命令．執行

在開始討論一致性的重要性之前，讓我們先回顧一下截至目前我在本章教給各位的內容。重點其實只有兩個：**命令**和**強制執行**。為了幫助你記憶這些複雜難懂的教養原則，我建議你做個小牌子，寫上：「下達指令，馬上**執行**！」然後貼在冰箱上。當某個孩子問你這是什麼意思時，你只需要回答：「只是提醒自己，生活可以過得多輕鬆容易而已。」

原則三：確認一致性

「做父親的，你們不要激怒兒女，要用主的教導來養育栽培他們。」（〈以弗所書〉第六章第四節）。

在寫給以弗所人的信中，我最喜愛的教養專家保羅所說的，正是我在這本書中一再重複的一件事：當父母們沒有依照《聖經》教導的典範來養兒育女時，他們就會捲入愈來愈多的麻煩裡，他們先被兒女激怒，然後回頭激怒兒女。保羅說，如果一個人「用主的教導」來養育兒女，所有這些被激怒的狀況都是可以避免的。

正如保羅是耶穌的門徒一樣，孩子也是自己父母的門徒。而保羅所說的那種激怒兒女的狀況會阻礙這樣的關係，不會讓孩子心甘情願聽話，只會讓孩子想逃離父母；也不會讓孩子變得乖巧，因為這種內在的衝突只會讓孩子對於行為、是非產生困惑。它無法使孩子尊敬、欽佩父母，最多只把父母看成以伺奉自己為任務的僕人，最糟時甚至看成惹人厭的麻煩。

認為當父母可以不必大發脾氣，這種想法不切實際嗎？保羅顯然不這麼認為。請注意，保羅可沒有說：「好吧，我知道有些小孩比其他孩子更惹人厭。」或是：「那些孩子有注意力不足障礙症的父親除外，我很同情他們。」他清清楚楚地說，如果你——為人父母者——被孩子激怒了（並因此激怒孩子）那麼你就不是遵循上帝的計畫來教養子女。保羅非常熟悉上帝的話語，他知道《聖經》（請記住，保羅的《聖經》是我們今天所稱的《舊約》）裡充滿了子女教養的智慧。

過去行不通、現在行不通，未來也行不通

有件事值得重複強調：後現代心理學式教養過去行不通、現在行不通，而且未來也絕對行不通。它從一開始就注定是失敗的。因為它極度偏離了《聖經》中規劃的子女教養之道，任何想讓後現代心理學式教養可行的努力都將失敗，因為它會惹惱所有參與其中的人。

後現代心理學式教養是一個由佛洛伊德、人文主義與行為學派等理論拼湊而成的大雜燴，提供父母遵循的不是一致的指導原則。此外，由於教養巴別塔持續放送許多無法共存的意見，使得聽信後現代心理學式教養那套的父母們（無論是否有意）不可能對任何事抱持一致的態度。當人們從混淆出發時，是找不到一致性的。混淆只會造成困惑，而困惑則會引發惱怒。

上帝的話：教養要有一致性和連貫性

一致的教養方式，首先必須有協調、永恆的觀點。而關於孩童教養，唯一協調、永恆的觀點來自於《聖經》。如果你希望用一致的態度教養子女，你最好同意上帝的話；就是這麼簡單。

《聖經》的教養之道並不指定做特殊的事，也不規定父母們要用什麼特殊策略處理手足間的對立競爭，或如何在商店裡糾正孩子的劣行。《聖經》只是敘述父母們該具備且必須堅守的正確觀念。

那些抱持正確觀念的父母們，都知道怎麼處理手足之間的爭吵，以及孩子在商店裡做了錯事的情況，對養兒育女過程中出現的所有其他問題，他們也都有因應之道。今天的父母們沒有清晰的育兒觀念，因此他們仰賴諸如「隔離反省」或「數到三魔法術」（1-2-3 Magic[5]）、「好寶寶貼紙」之類的辦法和策略。這樣做反而本末倒置、言行不一，惹惱自己也惹惱了孩子。

採取一致的教養方法確實很重要，但正如你很快就會發現的，實際運用的管教**策略**可以天天不同，卻不會影響日常教養的**一致性**。

然而，教養方法要一致，就必須有一致的態度——也就是你的言行舉止。在任何時候、任何情況下，你都必須保持鎮靜及權威的態度。只要相信自己所做的是正確的事，你就會流露出鎮靜的態度（請記住，做正確的事不代表每件事你都要竭盡全力、做到完美）。身為父母，你應該**隨時**讓自己擁有冷靜、果斷、權威的自信。態度的**一致性**會讓你掌握你的價值和願景，以及你無論如何都會為了孩子的福祉堅持到底的決心，而以上所說的，全都應該反映在你對孩子所做的**每件事**、所說的**每句話**裡。看看以下這段話！上帝在〈申命記〉中，對父母的誡命一開始就是這麼說的！祂說：「今天我向你們頒佈的誡命，你們要放在心裡，殷勤教導你們的兒女。無論在家或出外，休息或工作，都要不斷地溫習這誡命。」（〈申命記〉第六章第六至七節）

除非你對你的觀念來源有絕對自信，否則你無法絕對自信自己所做的是正確的事，而我敢說，《聖經》是這種自信和泰然的**唯一**來源。

懲罰的原則：一致但無法預測

行為的一致性，可確認父母的目標、願景和決心。父母藉由一致性表達一件事：無論孩子做什麼，都無法影響其貫徹決心。她要教養孩子走正路，這個目標絕對不受動搖（參見〈箴言〉第二十二章第六節，以及本書第七章）。當今天的父母們想到一致性時，總是反映了居支配地位的行為矯正模式的影響，也就是說，他們會認為，一致性意味每當孩子做了某件特定的錯事時，懲罰就應該一樣。

舉例來說，每當一個八歲孩子拒絕遵照父母的吩咐時，父母該讓他坐在椅子上隔離反省十五分鐘。沒錯，做法很一致，但當孩子預料得到行為的後果時，他們很快就會對它「免疫」。同樣地，經歷多次處罰隔離反省後，就連一個六歲的孩子也會認為，隔離反省只是有點不方便而已。

此外，當這個孩子終於了解他的藐視行為對父母造成的困擾，更甚於隔離反省對他的影響時，他就會更常反抗父母！所以我們最後認為，這類的一致性——也就是懲罰方法的一致性，尤其是懲罰方式並不是那麼令人不舒服時——可能會讓壞行為變本加厲。

父母確實應盡力採用一致的懲罰方式，但這懲罰應該是「一致但又無法預料」的。比方說，下次那個八歲孩子藐視父母的命令時，我會建議他們讓他坐在隔離反省椅上一小時。如果他再出現不服從的行為，我會罰他回房間，直到他工工整整地寫完一百遍「我以後會聽爸媽的話，因為爸媽愛我。」才能出來。如果還有下次，懲罰可能是一個月不准騎腳踏車，諸如此類。這種方式既可避免孩子對懲罰免疫，還可以讓孩子「隨時提高警覺」，或者說隨時「謹言慎行」，因為他無法預料下次他再犯錯時到底會受到什麼懲罰。

把孩子踢出伊甸園

有的父母會問：「我們可以做到什麼程度呢？如果父母試過了所有辦法，但這個孩子還是不把他們的命令當回事呢？在父母們用完最後的辦法之前，他們可以怎麼懲罰他？」

某些時候，我會建議父母把這位尊貴的造反者踢出「伊甸園」。舉個例子，一個八歲小孩某天放學回家後，發現除了基本的家具和衣物之外，所有他的東西都從房間裡消失了（鎖在距離家裡一段距離的倉庫之中）。連他放在家裡其他地方——包括儲藏室裡——的東西也都被拿走並鎖了起來。他的伊甸園忽然變成了荊棘園！這時，他的父母會冷靜地跟他說，接下來的一個月裡，他必須遵守他們告訴他的每個指令和他們曾要求過他的每個規定，然後才可以慢慢把東西拿回來，但就算是一個月後，他也只能在一整天都「表現完美」時才能拿回他的東西，一次一樣，而且從他最不在意的東西開始。此外，如果這個月已經過了二十天，而他卻違反規定，那麼這個懺悔月就要從隔天重新起算。接下來，如果他已經開始可以慢慢拿回他的東西了，但他卻違反規定，那麼拿回來的東西又會被拿走，一切重新再來。我把這項懲罰稱為「把孩子踢出伊甸園」，因為很明顯地，這辦法似乎可在人類心中留下深刻記憶。

於是主上帝把他趕出伊甸園，讓他去耕種土地——他原是用土造的。

——新普及譯本〈創世紀〉第三章第二十三節

有的人可能會主張：「但這樣做沒辦法治好人的造反本性！如果把孩子踢出『伊甸園』也改變不了他的叛逆呢？那時候你怎麼做？」

我會做上帝做過的同樣事情：堅持下去。在〈耶利米書〉中，上帝曾經兩度悲嘆自己的所有作為都無法讓他所選中的人民聽他的話、遵守他的命令。「他們的祖先不但不加理會，反而頑固，不肯聽從，不肯受教。」（〈耶利米書〉第十七章第二十三節）。「他們翻臉不認我；我不斷地教導他們，他們總是不聽，也不肯學習。」（〈耶利米書〉第三十二章第三十三節）。

如果上帝在祂的子民身上都會碰上這個持續存在的問題，那麼你肯定也會。所以「耶利米法則」就是：**孩子做了錯事，父母用對的方式處理，但這不保證孩子會開始變乖**。如果你在某個孩子身上印證了耶利米法則，就應該繼續做對的事，並為他祈禱——很多的祈禱。

我認識一個被踢出伊甸園的孩子。他的叛逆行為持續了好幾個月，畢竟，對懲罰不為所動也是叛逆的另一種形式。這些孩子大部分——但不是所有人——都會走回正軌，當我們面對的對象是人時，事情有時就是會這樣。

在這世界的某個地方，有某位父母可能會問：「如果孩子沒有回到正軌，我們該怎麼辦？」

約翰・羅斯門的回答是：「盡可能放手，別為他做任何事，但用你最大的力量來愛他，讓他盡快自立，讓他去經歷真實世界的教訓，並繼續為他祈禱。」

當處在壓力下時，我承認，要想出有創意的懲罰方式實在有點難。我曾經叫父母們在十張小紙條上寫下十個懲罰方式，然後把紙條摺起來放進一個金魚缸裡。每當孩子出現不良行為時，他們就從魚缸裡抽一張紙條出來，看抽到什麼就用那個方式來懲罰孩子。有兩個發現可以證明，這個有點遊戲性質的辦法是有用的：首先，孩子不喜歡這辦法（光這樣可能就夠了）；第二，不良行為的次數和嚴重性都大幅降低了。

裁判守則

處理孩子的不良行為時，最重要的是謹記我所謂的裁判守則：不用威脅、不給第二次機會、沒有討價還價餘地。當球員犯規時，如果籃球裁判用威脅的方式（「如果你再犯，我絕對會把你揪出來！」），或是給球員第二次機會（「我要說多少次，不要撞拿球的球員！」）、跟他討價還價（「答應比賽完幫我洗車，我就當作沒看見」），而不是馬上吹判犯規及裁量適當的處罰，那麼球賽很快就會變成一團亂。同樣地，孩子犯錯時，父母如果是用威脅、利誘等方式來處理，家裡也很快就會天下大亂。

每當父母們跟我說孩子快把他們逼到抓狂的時候，我知道這位父母出了什麼問題：他違反了裁判守則，沒有用一致的態度來對待孩子，結果是把自己搞得愈來愈火大，直到最後一股腦爆發，把怒氣全轉嫁到自己孩子身上。事情會平靜一陣子，但不久後他的家裡又會慢慢地出現亂象，威脅、二次機會、討價還價於是跟著出現，一切老調重彈。他就是自己最大的敵人。問題是出在他對待孩子的態度，而不是孩子本性太野。

團體討論或個人反省的問題

一、你的孩子是否知道可以信任你說的話？你的每個孩子是否都清楚明白、毫無疑問——你說是，就代表是，你說不，就代表不？如果答案是否定的，原因爲何？你是否認爲自己該爲這個問題負起全部責任？

二、當你給孩子指令時，用的是要求或下令的方式？你運用的是領導式談話，還是帶來罪惡感的米克土司語？如果答案是後者，你的父母會用這種方式和你說話嗎？如果答案是否定的，你爲什麼會用這種辦法來對待孩子？

三、如果你的孩子放學後把東西丟得到處都是，你對我的建議是否會毫不懷疑地接受？當你的孩子犯錯，嚴厲地懲罰他對你來說是不是很困難？你是否發現自己一而再、再而三地面對同樣的課題？如果是，你是否願意承認，當孩子犯錯時，你不願意用造成孩子持續不快的方式來懲罰，正是主要的問題所在？

四、你是否可以回想起最近的一個例子，當時如果你用嚴厲的懲罰，會是最適當的做法？你可以怎麼做？如果你當時就這麼做，事情會有什麼不同？

五、你是否可以回想起最近的一個例子，當時你因爲認爲懲罰應立即執行，結果反而做出沒有效力的懲罰？如果你當時知道延遲懲罰也是可行的，你的做法會有什麼不同？

六、如果你五年前就讀到了這本書，今天你的教養方式會有什麼不同？

七、腦力練習：你十歲大的孩子跟老師頂嘴，你可以做些什麼，來讓他再犯的機率降到最小？

八、腦力練習在你十六歲兒子的車子的駕駛座旁，你發現有個空的啤酒瓶。而他發誓他不知道這個酒瓶打哪兒來的。你會怎麼做？

九、腦力練習：你的五歲兒子在幼稚園裡到處搞破壞，他的老師說他可能有注意力缺乏障礙。你要做什麼才能治好他的障礙症，讓他腦內的化學物質回歸平衡？

註釋：

1 consequences 直譯為後果，作者認為孩子應為不良行為承擔「後果」，以收勸阻之效。而有效的後果通常是懲罰性的，故視上下文或譯為行為後果、或譯為懲罰）

2 米克士司是在一九二四年由哈洛德．韋伯斯特（Harold Webster）為連環漫畫《膽小鬼》（*The Timid Soul*）所創造出的人物，米克士司（milquetoast）是「膽小又沒用」的意思。直到一九五二年過世之前，韋伯斯特都持續發表這部連環漫畫。作者故意把牛奶士司（milk toast）這種平淡無味的食物名字拼錯，而取了這個名字（http://en.wikipedia.org/wiki/Caper_Milauetoast）。

3 這句俗話的由來眾說紛紜，但《經典美語成語辭典》（*The American Heritage Dictionary of Idioms*, 1997）說，它指的是帆船的帆杠。帆杠是從桅杆伸出的一根長長的圓杆，可以控制帆的底端；但當風向有變時，帆杠會失去控制地旋轉，站在旁邊的人很容易被打到。

4 Diana Baumrind, University of California Berkeley.

5 www.parentmagic.com 網站上還有更多的訊息。

後記

記者們經常問我，我認為美國整體的教養情況是變好了還是變壞了？其實兩種徵兆我都看見了。

一方面，每一年都有老師告訴我，學生在教室裡的行為表現是一年不如一年，行為問題也變得愈來愈無法無天。近年來基督徒父母因關切孩子所接受的教育品質，以及公立學校的社會影響，選擇在家教育的案例激增，如今許多非基督徒父母也加入行列。小兒科醫師們更常和父母們針對行為課題進行諮商，比治療生病的孩子花更多時間。美國孩子的心理健康狀況還在持續惡化之中，我不認為情況會馬上好轉。

另一方面，有愈來愈多的父母了解後現代心理學式教養已徹底失敗，他們已經擁抱或希望回頭擁抱傳統的、《聖經》上的教導模式。十年前，人們衝出我的演講會場或甚至從座位上向我咆哮的情形並不少見，但已經好一陣子沒遇到這樣的事了。漸漸也有非基督徒的人們，前來參加我以《聖經》為基礎的發表會與講學，希望了解傳統的子女教養所根據的原則。

對這兩個同時存在的趨勢，我只能得出一個解釋：美國子女教養已出現兩極化現象。塵埃落定後，會區分出兩個陣營，一個陣營的父母頑固地死守心理學式、以自尊為基礎的教養典範；他們否認船正在下沉的事實，非到水已淹到甲板邊緣，甚至更高時，才會甘願放棄。另一個陣營的父母則是接納傳統的、《聖經》中所示範的模式，這群人的數量會愈來愈多。這些父母當中，有一些正在尋找心理學模式的替代方案，而我知道，上帝協助這群人走回正途，祂所做的努力不亞於為基督徒父母，後者就像流落在外的浪蕩子，如今已迷途知返。

我當然關切美國的未來。有效運作的育兒之道能強化文化，而無效的育兒之道則只有弱化的效果。後現代心理式教養打擊美國文化，或許已到無法挽回的地步。最近這幾年來，我一直建議父母盡可能使孩子們遠離通俗流行文化。如果你可以應付，我會說，不妨在家教育你的孩子，這樣一來你便可以控制課程內容和同儕的影響。在孩子們完全識字前，不要讓他們在生活中接觸到電視；一旦孩子開始可以看電視，務必以審慎態度將電視當成教育的工具。別讓你的孩子——尤其是青少年的孩子——在沒有父母的監督下接觸網路。你必須在孩子的生活中扮演文化和媒體的篩選者角色，就像是個已逝時代中的圖書館員，就這點上你必須態度堅決。蛇仍然好好地活著，伺機吸引你孩子的注意，以便「拓廣他們的知識」。

當務之急與這個事實有關：已有將近兩代的孩子是根據心理學鬼話的教養長大。他們用「X世代」之類的方式稱呼自己，而我則叫他們「E世代」（譯註：E是

entitlement，E世代即「應得權利的世代」)。他們無法分辨「想要」與「真正需要」的差別，因此任意消費，從食物到娛樂消遣，毫無節制；他們對挫折的容忍度不高，缺乏忍耐的能力，所以缺乏簡樸的美德；他們認為自己想要的，都是應該擁有的；他們相信自己應該擁有完美的婚姻，所以他們要不是不結婚，要不就是為時不長——假設婚姻這制度能在解構主義的砲火下生還的話；他們相信責任義務是條單行道，而且總是順著他們要去的方向，所以他們不會是好的鄰人、僱員、公民。我的描述不適用於每一個應得權利世代的孩子，但符合太多人的情形。我尤其關切的是，現今的年輕人幾乎沒人肯犧牲小我，以成就更大的福祉，有也無法持久。我擔心他們長大成人後會寄望政府和父母們一樣給他們特權，讓他們繼續不勞而獲。但我最不放心的是，無論何時、何地，當自由受到威脅時，現今的年輕人幾乎沒人願意拿起武器捍衛自由。

當我快完成這本書時，一位新聞記者打電話問我，怎麼看待她社區中最新風行的教養方式：讓剛學走路的孩子學瑜珈、樂器、體操、芭蕾、美式足球等，以便有個「好的起跑點」。我立刻想起「桑尼與雪兒」(Sonny and Cher)的一首歌：〈鼓聲不歇〉(The Beat Goes On)。這類愚蠢的花樣，正是後現代心理學式教養的象徵。就像我的父母和他們的同輩，現在的父母也希望孩子出人頭地；但不像我的父母和他們的同輩，現在的父母顯然主要從物質的角度來定義成功。他們認為，成功的表現，就是六歲就要在卡內基廳舉行演奏會，八歲時獲邀與美國芭蕾舞團（American Ballet Company）共舞，或是贏得進史丹佛大學的美式足球獎學金。他們似乎不了解或不想承認，歸根究柢，成功還是跟人格有關——就實質的意義而言，一個為大企業擦地板的老實雇員比不正直的執行長更成功。但這些父母們追求的不只是孩子們的物質與社會成就，也包括自己的成就。在今天的教養世界中，獲得榮耀的父母，歸於那些能訓練孩子於六歲就能在卡內基廳演奏。沒有一張保險桿貼紙會印上「我的孩子世界第一有禮貌！」

就短期來看，我的態度是悲觀的。我不認為美國的整體教養情況有任何好轉的跡象，至少不會太快好轉。我們生活在混亂的年代，而由於人們對於應該如何教養子女毫無共識，苦難更是有增無減；愈根本的事情共識就愈少，就像婚姻與家庭的定義一樣。一個文化若對這些事情缺乏共識，就隨時會有墮入深淵的危機。但就長期而言，我是樂觀的。事情在好轉前總會先惡化，但我相信否極泰來。《聖經》也這麼告訴我。

美國目前最需要的是一場復古的教養革命。壞消息是這場革命不會很快到來，美國的教養問題太嚴重，太多父母太過抗拒承認事實。但好消息是，選擇認清事實的任何一位父母均可在自家掀起一場教養革命，就從今天開始。

你呢？你可以放下這本書，並決定絕不讓這些事情在你家裡重蹈覆轍。去做吧。人們的未來有賴於你，無論他們明不明白。

廣	告	回	函

北區郵政管理登記證
北臺字第000791號
郵資已付，免貼郵票

104　台北市民生東路二段141號2樓

英屬蓋曼群島商家庭傳媒股份有限公司城邦分公司　收

請沿虛線對摺，謝謝！

書號：1MBO14X　　書名：聖經的教養智慧

請於此處用膠水黏貼

啟示 Apocalypse Press 出版

讀者回函卡

謝謝您購買我們出版的書籍！請費心填寫此回函卡，我們將不定期寄上城邦集團最新的出版訊息。

姓名：______________________

性別：□男　□女

生日：西元 ________ 年 ________ 月 ________ 日

地址：______________________

聯絡電話：____________ 傳真：____________

E-mail：______________________

職業：□1.學生 □2.軍公教 □3.服務 □4.金融 □5.製造 □6.資訊
□7.傳播 □8.自由業 □9.農漁牧 □10.家管 □11.退休
□12.其他 ____________

您從何種方式得知本書消息?

□1.書店□2.網路□3.報紙□4.雜誌□5.廣播 □6.電視 □7.親友推薦
□8.其他 ____________

您通常以何種方式購書?

□1.書店□2.網路□3.傳真訂購□4.郵局劃撥 □5.其他 ____________

您喜歡閱讀哪些類別的書籍?

□1.財經商業□2.宗教、勵志□3.歷史□4.法律□5.文學□6.自然科學
□7.心靈成長□8.人物傳記□9.生活、勵志□10.其他 ____________

對我們的建議：

____

____

____

____

請於此處用膠水黏貼

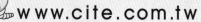

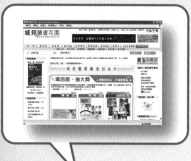

國家圖書館出版品預行編目資料

聖經的教養智慧：教出有教養和自律的小孩 / 約翰．羅斯門（John Rosemond）著；陳雅馨譯. -- 初版. -- 臺北市：啓示出版：家庭傳媒城邦分公司發行, 2009.05
面； 公分. --（Talent系列：14）
參考書目：面
譯自：Parenting by The Book: Biblical Wisdom for Raising Your Child
ISBN：978-986-7470-41-6

1. 基督徒 2. 教養 3. 親子教育

244.99 98004411

Talent 系列14

聖經的教養智慧：教出有教養和自律的小孩

作　　者／約翰．羅斯門（John Rosemond）
譯　　者／陳雅馨
企畫選書人／彭之琬
總 編 輯／彭之琬
責任編輯／李詠璇、許如伶、陳正益

版　　權／吳亭儀
行銷業務／王　瑜、張媖茜
總 經 理／彭之琬
發 行 人／何飛鵬
事業群總經理／黃淑貞
法律顧問／元禾法律事務所 王子文律師
出　　版／啓示出版
台北市104民生東路二段141號9樓
電話：(02) 25007008 傳眞：(02)25007759
E-mail：bwp.service@cite.com.tw
發　　行／英屬蓋曼群島商家庭傳媒股份有限公司 城邦分公司
台北市中山區民生東路二段141號2樓
書虫客服服務專線：02-25007718；25007719
服務時間：週一至週五上午09:30-12:00；下午13:30-17:00
24時傳眞專線：（02）2500-1990；2500-1991
劃撥帳號：19863813 戶名：書虫股份有限公司
讀者服務信箱：service@readingclub.com.tw
城邦讀書花園：www.cite.com.tw
香港發行所／城邦（香港）出版集團有限公司
香港灣仔駱克道193號東超商業中心1樓 E-mail : hkcite@biznetvigator.com
電話：(852) 25086231 傳眞：(852) 25789337
馬新發行所／城邦（馬新）出版集團【Cite (M) Sdn. Bhd.】
41, Jalan Radin Anum, Bandar Baru Sri Petaling,
57000 Kuala Lumpur, Malaysia.
電話：(603) 90578822 傳眞：(603) 90576622 Email: cite@cite.com.my

封面設計／李東記
排　　版／極翔企業有限公司
印　　刷／韋懋實業有限公司

■2008年4月30日初版
■2023年6月16日二版4.5刷
定價350元

Printed in Taiwan

 ISBN 978-986-7470-41-6